
福建省社会科学普及出版资助项目说明

福建省社会科学普及出版资助项目由福建省社会科学界联合会策划组织和资助出版，是面向社会公开征集、统一组织出版的大型社会科学普及读物，旨在充分调动社会各界参与社会科学普及的积极性、创造性，推动社会科学普及社会化、大众化，为社会提供更多更好的社会科学普及优秀作品。

青少年防范校园欺凌教育

杨岭／编

法律出版社
LAW PRESS·CHINA
北京

图书在版编目(CIP)数据

青少年防范校园欺凌教育 / 杨岭编. -- 北京:法律出版社, 2021(2023.10 重印)
ISBN 978-7-5197-5936-0

Ⅰ. ①青… Ⅱ. ①杨… Ⅲ. ①校园-暴力行为-预防-青少年读物 Ⅳ. ①G474-49

中国版本图书馆 CIP 数据核字(2021)第 189636 号

青少年防范校园欺凌教育
QINGSHAONIAN FANGFAN XIAOYUAN QILING JIAOYU

杨 岭 编

策划编辑 朱轶佳
责任编辑 朱轶佳
装帧设计 鲁 娟
插 画 高 浩 刘颖潇

出版发行 法律出版社
编辑统筹 司法实务出版分社
责任校对 周合芝 王 丰
责任印制 胡晓雅
经 销 新华书店

开本 710 毫米×1000 毫米 1/16
印张 12.75 **字数** 156 千
版本 2021 年 12 月第 1 版
印次 2023 年 10 月第 2 次印刷
印刷 北京盛通印刷股份有限公司

地址:北京市丰台区莲花池西里 7 号(100073)
网址:www.lawpress.com.cn
投稿邮箱:info@lawpress.com.cn
举报盗版邮箱:jbwq@lawpress.com.cn
销售电话:010-83938349
客服电话:010-83938350
咨询电话:010-63939796

书号:ISBN 978-7-5197-5936-0
定价:58.00 元

凡购买本社图书,如有印装错误,我社负责退换。电话:010-83938349

前言

“校园的钟声叮当叮当，交织过多少美梦，成长的岁月总是让人难忘……”提起校园，很多人想到的就是阳光、操场、和蔼可亲的老师、奔跑欢笑的同学……但对于遭遇过校园欺凌的青少年来说，校园可能是他终生都不愿意再回忆的地方。近年来，越来越多的媒体开始关注校园欺凌事件，使之迅速成为社会热点，其实，校园欺凌一直都存在，并且类型众多，表现各不相同，甚至有些欺凌，家长和孩子都不曾意识到。①

本书是为落实《关于防治中小学生欺凌和暴力的指导意见》《加强中小学生欺凌综合治理方案》而编写的。我们必须清楚地认识到，校园欺凌对青少年带来的消极影响远比我们想象的更严重，这种消极影响并不是一朝一夕形成的，而是被欺凌者在反复受到欺凌后的累积反应。我们熟知的动画片《哆啦A梦》的主角大雄是一个缺乏自信又怯懦的孩子，长期受到同学胖虎的欺负，另一个同学小夫则是围观看笑话、有时还从旁协助胖虎的围观者。大雄常要靠哆啦A梦的法宝来帮他化险为夷或赢回面子。然而，现实中没有哆啦A梦的法宝，甚至很少有大人知晓和帮忙。受欺凌者饱受身心折磨，痛苦的体验甚至影响到其成年之后。欺凌者身上的不良行为若未能得到及时的纠正，也很容易滑入违法犯罪的深渊。

因此，笔者希望有更多的青少年能够看到本书，并从本书中获益，

① 参见清瑕：《你就是孩子的起跑线：美国华裔名校生的成长访谈及美式教育之鉴》，中国经济出版社2019年版，第213页。

知晓更多校园欺凌的相关知识，掌握预防和应对校园欺凌的方式方法，有效帮助青少年应对校园欺凌的困扰，降低校园欺凌对青少年的不良影响。[①] 当然，校园欺凌有很多种，每个欺凌的案例也各不相同，很难给出一个一劳永逸的解决方案。欺凌在世界各地、各种文化中都存在，包括成人在内，每个人在一生中都或许经历过某种欺凌。

对于阅读本书的青少年，书中所提的校园欺凌预防及应对的策略可能有些适合你，有些则不适合。要利用你的常识和判断力来对待欺凌，灵活地采取不同策略，并把个人安全放在第一位。记住：本书只是提供给你可以选择的方向和指南，而不是解决欺凌问题的“处方”。因此，如果你面临校园欺凌，除了学习和运用本书所指导的方法之外，千万别忘了寻求成年人的帮助，让他们帮助你一起设计符合实际情况的最佳解决方案。[②]

法律在我们每个人身边，既是规范我们行为的标准，也是保护我们的武器。对于青少年而言，要学法、守法，拒绝实施或参与各种违法犯罪活动，要知法、用法，增强保护自己的能力。本书给大家呈现了诸多与校园欺凌相关的法律知识，内容全面，与我们的生活密切相关，主要涉及校园法律知识、违法犯罪法律知识、自救法律知识等。通过学法，可以增强法律意识和法律观念，知道什么事是合法的、可为的，什么事是违法的、犯罪的、不可为的，从而自觉地履行法律规定的义务，用法律约束自己的行为，同时也能正确运用法律对待和处理自己身边发生的纠纷，保护自己的合法权益。本书在向青少年传授法律知识的同时，对培养青少年的法治理念，提高其学法、守法、用法的自觉性和能动性，也

① 参见［澳］迈克尔·潘克里奇、［澳］凯瑟琳·桑顿：《对校园欺凌说“不”！：如何重新掌控自己的人生》，宋一辰译，中国轻工业出版社2018年版，第5页。

② 参见［美］麦克·卡西迪：《远离校园欺凌——你该怎么做？》，雷秀云译，上海交通大学出版社2018年版，第1页。

能发挥重要作用。

本书针对中小学学生认知水平，上篇致力于选取真实的案例对校园欺凌加以分析，帮助大家充分认识校园欺凌，下篇重点从加害人、被害人、围观者三个角度呈现校园欺凌预防与应对的具体方法，全书图文并茂，生动形象。

本书在编写过程中，得到了福建省社科联学会部（社科普及部）的大力支持，获得省社会科学普及出版资助和集美大学学科建设经费资助，法律出版社为本书编辑工作付出了巨大努力，在此一并表示感谢。由于时间仓促，书中尚存不妥之处，敬请读者批评指正。

目 录

· 上篇 认识校园欺凌 ·

·下篇　校园欺凌的预防及应对·

上篇 认识校园欺凌

第一单元　校园欺凌的含义、成因及危害

他们不像成年人伪善，所以他们看不起谁，讨厌谁，就光明正大表现出来，光明正大地欺压他，嘲笑他，孤立他，打击他。

——玖月晞《少年的你，如此美丽》

随着电影《少年的你》热映，“校园欺凌”话题迅速引发舆论关注。电影中，因被同学欺凌而跳楼自杀的胡小蝶、被恐吓侮辱殴打的陈念，每一幅沉重压抑的画面都直击人心。[①] 痛心之余，也让我们对“校园欺凌”这一问题有了更深入的思考和关注。

一、校园欺凌的含义

（一）校园欺凌的界定

13 岁的姜某是某寄宿制中学初中一年级的男生。这段时间以来，姜某的父母发现儿子回家时经常鼻青脸肿，而且胆子越来越小，也越来越不爱说话，更看不到孩子的笑容，他们觉得很奇怪。但无论父母如何追问，姜某总是以各种借口掩饰过去。终于有一天，姜某向母亲提出不愿再上学。在父母的追问下，姜某才说出真相：原来，在近一个学期内，姜某一直忍受同宿舍其他男生的殴打、欺凌。小赵的父母向学校反

① 参见《心理｜请重视校园欺凌！》，载搜狐网 2019 年 12 月 15 日，https://www.sohu.com/a/360506052_100013379。

映了此事，并向公安机关报了案。经调查，姜某同宿舍有几个同学嫌姜某性格内向，不喜欢他，于是经常借故欺负他，开始是围攻谩骂，后来发展到动手殴打。事实上，姜某所经历的遭遇就是校园欺凌。

什么是校园欺凌？国务院教育督导委员会办公室向全国印发了《关于开展校园欺凌专项治理的通知》，其中对校园欺凌的界定是，发生在学生之间蓄意或恶意通过肢体、语言及网络等手段，实施欺负、侮辱造成伤害的行为。

校园欺凌具有多种表现形式。不仅包括身体上的攻击性行为，而且包括言语上的辱骂、嘲弄、恶意中伤、造谣等冷暴力行为，或者社交互动方面的排挤、冷漠、孤立行为。冷暴力形式的欺凌由于隐秘不显著，且采用这种形式的欺凌造成的伤害较“不见光”、行为实施者所付出的代价更小，因而在校园生活中更常见、发生得更频繁。提到这种形式的校园欺凌，很多人多多少少都有与之相关的回忆，有的人自己曾经遭受过这样的冷暴力而成为校园中的受欺凌者，有的人曾观望过这样的欺凌行为，有的人采取了行动援助受欺凌者，还有一些人正是这类成本小、代价低的校园冷暴力欺凌的施暴方。

普遍意义上的校园欺凌事件并非仅发生在男生之间，发生在女生之间的欺凌也不在少数，并且女生之间的欺凌涉及性、身体侮辱的事件并不鲜见，这类欺凌行为对于受欺凌者所造成的伤害并不比直接的身体上的攻击和伤害来得小。

青少年时期，女生产生欺凌行为的诱因是其在心智不成熟时产生的嫉妒、报复与戏谑情绪。赫尔穆特·舍克在其论著《嫉妒与社会》中谈道，“由于嫉妒的缘故，人可能会变为破坏者，如果嫉妒的目标涉及的是个人的素质、能力或者威望，嫉妒者可能一下子产生盼望别人失掉嗓子、美貌或者德行的愿望”。也正是出于嫉妒心理，女生欺凌者的暴力行为表现出了表演性、戏谑性，可能并不产生直接和明显的结果。“看着不顺眼”等让人不解的理由，大多只是女生欺凌者找到的一个发泄的借口，其实，她们早就有组织、有目的地策划打击受害者，企图通过侮辱对方获得快感，追求心理的平衡。[1]

① 参见宋春山：《大夏书系·少年江湖：校园欺凌的预防和应对》，华东师范大学出版社 2018 年版，第 22 页。

相比男生的殴打等恶性伤害行为，女生欺凌者更多采用的是言语攻击与人际关系孤立，当然也会有行为上的攻击，女生欺凌者一般不会像男生那样实行直接性伤害，多数会在进行直接性身体伤害之前对被欺凌者进行人格与行为上的侮辱。在女生校园欺凌案例中有一起代表性的案件，女生欺凌者对被欺凌者强行脱衣并拍照与录制视频，还将相关内容发布于网络。这起案件在当时引起轰动。女生欺凌者对被欺凌者造成的伤害更多的是比身体伤害更为严重的心理伤害，程度之恶劣甚至足以使被欺凌者产生自杀的想法。女生欺凌者大多以使对方求饶、臣服、痛苦来达到自身的成就感与快感。

（二）校园欺凌的三个判断标准

1. 重复发生。欺凌行为在一段时间内重复发生，而不是单一偶发。欺凌之所以如此令人痛苦，一个重要原因就在于它的反复性。如果你所认识的某个人每一天都在网上取笑你，你将对此非常在意。在课堂上、课间休息时、上学前、放学后，甚至是周末——你会担心在现实生活中看到这个人，你希望通过某种方式回避他（她）。这种困扰很难使你把注意力放在学习上，享受同朋友和家人在一起的时光，或者专注于体育运动、学习和娱乐。①

许多学生间的侵害并不是一次就结束，有的会持续 1 年以上，有的甚至到了毕业后还会发生报复性的侵害。有的学生从一入学就被几个学生欺凌，尽管被欺凌的学生极力想摆脱却始终无法摆脱，甚至被欺凌者转学了，欺凌者还会跟随其去新学校实施欺凌和暴力伤害。这样的校园欺凌现象并不少见，很多校园欺凌都表现出持续性的特点，同时很多学生都难以摆脱这种伤害的影响，长时间地生活在阴影之下。②

案例一

初三学生李某在中考 3 天前遭到 4 名同班同学围殴，导致脾脏破裂。参加完中考语文科目的考试后，李某因剧痛放弃下午的考试，此时他才向家长道出自己多年来被同学欺凌的事实。

案例二

某中学初三男生孙某，被同学欺负长达 3 年之久，教师、家长从来没有察觉。直至某日其在学校突然晕倒，送医院检查时才被发现。经医生检查，孙某身上有新旧不一的挫伤痕迹，应是拳打脚踢造成的。孙某这才向母亲说出隐瞒了多年的秘密："他们威胁我，如果告诉老师，连妈妈也一起打。我只有妈妈，我要保护你。"

---

① 参见［美］贾斯汀·W. 帕钦、［美］萨米尔·辛社佳：《语言暴力大揭秘：跟网络欺凌说"不"》，刘清山译，黑龙江教育出版社 2017 年版，第 4 页。

② 参见张娟娟：《校园暴力欺凌法治研究》，九州出版社 2018 年版，第 18 页。

游戏打闹在孩童和青少年时期常见，过程中也可能发生鼻子被打破流血、头撞到门框等身体伤害。但这些伤害不存在主观恶意，且游戏打闹常为彼此的相互行为，并非单纯某一方欺负另一方。而且，游戏打闹造成的伤害多是偶发的，不存在重复性和持续性，也不会造成被害人的心理阴影。[①]

2. 具有恶意。欺凌者是否蓄意欺压及伤害他人，是否具有恶意也是校园欺凌与玩笑的重要区别。校园欺凌行为，是指欺凌者有意地、不断地去干扰受害者的身体、心理，以便从受害者身上得到某些利益。欺凌者往往会在自己完全占优势的情况下，利用自己的优势伤害受害者。当伤害发生时，即便受害者想阻止欺凌者，或是不停地哭喊“停下来”，也起不到任何作用。因此，在有些情况下，捉弄就演变成欺凌。

① 参见王大伟：《校园欺凌：问题与对策》，中国国际广播出版社 2017 年版，第 9 页。

案例

初中生杨某长期对同班同学卢某实施恶意的言语攻击，发表诋毁卢某的言论，在班级的聊天群组中针对卢某进行辱骂，甚至在卢某受辱骂退出群组后，将卢某拉回群组继续辱骂和欺凌。最终，卢某因承受不住压力而自杀身亡。

从上述案例可知，这种辱骂和欺凌带有恶意，而且很多欺凌的起源是孩子间无意识的玩笑和打闹，当这种漫不经心的行为没有得到足够的关注时，情况会发展得越来越严重，最终演变成校园欺凌。

校园欺凌与朋友间的玩笑是完全不同的。当你摔倒时，你的朋友会微笑着扶你起来，尽管他会随口说句“你可真够笨的”，但整个行为中，他（她）是关心你的，那句话也只是他（她）玩笑似的随口一说而已。①

① 参见［美］菲利斯·卡夫曼·古特斯坦、［美］伊丽莎白·沃迪克／著，［美］斯蒂夫·马克／绘：《对校园欺凌说不！》，樊伟、周晞雯译，陕西科学技术出版社2016年版，第11页。

3. 权力不平衡的状态。以强凌弱，以众欺寡，欺凌是在受害者未能保护自己的情况下发生的。

校园欺凌的双方处于权力不平衡的状态，以强凌弱，以多欺少。势均力敌的双方当事人所发生的矛盾冲突、嬉笑玩闹、打架斗殴等不属于欺凌的范畴。比如，同龄好友小武和小健，两人身体条件相当，平日里也是形影不离的好哥俩，在体育课上因为争抢足球，两个人争执起来并发生了冲突，这就不能定义为校园欺凌。

案例

一名已辍学女生钟某，因生活琐事对12岁的六年级女生宋某心生怨恨，纠集3名中学生守候在宋某就读的小学附近。待宋某出现后，钟某等4人尾随并胁迫宋某到偏僻处，轮流对宋某掌掴共几十次并全程拍下视频。

资料卡

是否受到损害的标准应当如何界定？

依据《联合国儿童权利公约》第12条第1款的规定，“缔约国应确保有主见能力的儿童有权对影响到其本人的一切事项自由发表自己的意见，对儿童的意见应按照其年龄和成熟程度给以适当的看待”。因此，基于未成年人的参与权和儿童权利本位的需要，应当由遭受侵害行为的受害人本人判断其受到的侵害行为是否对其造成伤害，如果受害人不认为侵害行为是伤害，则侵害行为不应当被认定为欺凌行为，比如，家境富裕的学生，可能不认为其他学生抢占其财物的行为是伤害，甚至并不放在心上。

侵害行为是否让受害人认为是伤害，是衡量是否构成校园欺凌行为最为核心的标准，即选择受害学生个人感受为原则的标准。我们不得不承认，选择这一标准会让原本就众说纷纭的校园欺凌的界定变得更加困难，但从儿童本位和儿童参与的角度来说，必须从儿童的角度出发，而不能以成年人的主观认识和对社会客观存在的秩序造成的损害来判断。

（三）校园欺凌的主要表现

有研究者通过对497名家长、505名教师、124名校长和501名学生进行校园欺凌的问卷调研发现，“被同学打”（53.3%）、“言语侮辱”（61%）、“被强索财物”（58.1%）、“取笑或捉弄”（57.1%）在当前的校园欺凌现象中较为普遍。[①]

① 参见苏春景、徐淑慧、杨虎民：《家庭教育视角下中小学校园欺凌成因及对策分析》，载《中国教育学刊》2016年第11期。

校园欺凌的表现形式是多样的。可以概括为五个方面：骂、打、毁、吓、传。

1. 骂：辱骂、中伤、讥讽、贬抑受害者。主要体现在给被欺凌者起辱骂性质的绰号，从外貌、身高、性取向、宗教、种族或家人等方面侮辱被欺凌者等。

2. 打：打架、斗殴。这是最广泛的一种欺凌方式，比如，对被欺凌者进行物理攻击。这是所有欺凌类型中最容易辨识的一种，欺凌者主要利用身体动作直接攻击他人，如殴打、推挤、吐口水。

3. 毁：毁坏被欺凌者的书本、衣物等个人财产。一是指欺凌者通过损毁被欺凌者的文具、衣服等物品达到凌辱对方的目的；二是指欺凌者通过向被欺凌者索要钱财达到获得优越感的目的。无论是损毁对方物品，还是强迫对方向自己交钱，都会给被欺凌者造成很大的精神痛苦。

4. 吓：恐吓、威胁、迫使被欺凌者做不愿意做的事情。有时具有一定的隐蔽性，而且大部分情况下，孩子并不愿意承认自己被欺凌过，他们会认为告诉大人自己被欺凌是一件很可耻、窝囊的事情。

5. 传：网上传播谣言，进行人身攻击等。这是对被欺凌者危害范围最大的欺凌方式，比如，欺凌者在网络上发布对被欺凌者进行人身攻击的言论，未经过本人同意发布被欺凌者出洋相的影像等。[①]

二、校园欺凌的人物角色

简要地说，校园欺凌涉及的人员主要有欺凌者、被欺凌者和围观者三类。

（一）欺凌者（加害人）

欺凌者是发起欺凌行为的主导方，通常会带领其他同伴参与其中。欺凌者具有攻击性，一般会反复以言语、文字、图画、符号、肢体等方式，直接或间接地对他人进行殴打、威胁、排挤、恐吓、贬抑、欺负、骚扰、戏弄等。

欺凌者通常是那些性情顽皮、家庭情况复杂、常被教师忽视或批评的学生。这类孩子往往自我评价存在偏差，蛮横无理，容易激动，更喜欢使用暴力欺压他人。由于对自己评价过高，他们总认为自己高人一等，可以对其他人进行“制裁”。他们霸道而且易怒，遇见不满意的事情不会合理调节，而是利用暴力手段进行欺压。

自私、缺乏同情心也是欺凌者的特点。容易成为欺凌者的孩子眼中只有自己，以自我为中心，他们并不在乎被欺凌者的感受。很多受访的欺凌者都认为，被欺凌者遭受欺凌和自己没有太多的关系，是因为被欺凌者自己不合理地处事，才会导致现在的处境。他们对于被欺凌者没有

---

① 参见《骂、打、毁、吓、传，“起侮辱性绰号”皆属校园欺凌！》，载共青团中央微博 2019 年 5 月 30 日，https：//weibo.com/3937348351/HwAtk5K3D？type=comment#_rnd1609037836335。

丝毫同情心，也不认为欺凌他人是一件多么严重的事情。[①]

案例一

初中男生陈某，某天中午在食堂排队打饭时想“浑水摸鱼”，趁老师不注意，一个箭步冲上去插到其他同学的前面，这一情景正好被排在队伍后面的邓某看到，邓某立即报告了正在值勤的班主任陈老师。老师把陈某拉出队伍，在旁边教训了一番，还要求陈某下午交一份检讨，并送到办公室，这才放他去吃饭。陈某对于邓某向老师报告这件事极为愤怒，过后就召集“兄弟”们冲到了邓某的寝室，几个人打得邓某头破血流，右手粉碎性骨折。

案例二

一天放学后，×× 中学 6 名女生将一名女生小晶拉进巷子，殴打了近 45 分钟，旁边还有一个男生用摄像机拍录之后上传到网吧的局域网上。尽管 3 个小时后该视频被网管删除，但已有很多人看到了该视频。[②]

此外，有研究表明，青少年在校外有不良行为的，在校内也容易欺凌同学，这类群体往往是校园欺凌的加害人。

---

① 参见林甲针、周光顷等 :《让孩子远离校园欺凌》，福建教育出版社 2020 年版，第 12~13 页。

② 参见金浩主编 :《麦芒的金钟罩 : 中学生校园安全知识读本》，上海大学出版社 2013 年版，第 69 页。

法律链接

《预防未成年人犯罪法》

第二十八条 本法所称不良行为，是指未成年人实施的不利于其健康成长的下列行为：

（一）吸烟、饮酒；

（二）多次旷课、逃学；

（三）无故夜不归宿、离家出走；

（四）沉迷网络；

（五）与社会上具有不良习性的人交往，组织或者参加实施不良行为的团伙；

（六）进入法律法规规定未成年人不宜进入的场所；

（七）参与赌博、变相赌博，或者参加封建迷信、邪教等活动；

（八）阅览、观看或者收听宣扬淫秽、色情、暴力、恐怖、极端等内容的读物、音像制品或者网络信息等；

（九）其他不利于未成年人身心健康成长的不良行为。

第三十八条 本法所称严重不良行为，是指未成年人实施的有刑法规定、因不满法定刑事责任年龄不予刑事处罚的行为，以及严重危害社会的下列行为：

（一）结伙斗殴，追逐、拦截他人，强拿硬要或者任意损毁、占用公私财物等寻衅滋事行为；

（二）非法携带枪支、弹药或者弩、匕首等国家规定的管制器具；

（三）殴打、辱骂、恐吓，或者故意伤害他人身体；

（四）盗窃、哄抢、抢夺或者故意损毁公私财物；

（五）传播淫秽的读物、音像制品或者信息等；

（六）卖淫、嫖娼，或者进行淫秽表演；

（七）吸食、注射毒品，或者向他人提供毒品；

（八）参与赌博赌资较大；

（九）其他严重危害社会的行为。

（二）被欺凌者（受害人）

被欺凌者通常是与欺凌者有某种直接或间接关系的同学。双方发生欺凌不一定有什么明确的理由，有时即便有理由也是比较勉强的或被强迫承认的所谓“理由”。被欺凌者相对于欺凌者来说，是处于绝对弱势的一方，或本身身体弱小，或面对的是数个结伙的同学，致使其处于力量或势力严重不对等的局面，无法还击对抗，甚至不敢告诉教师和家长。被欺凌者通常是那些性格内向、自尊心较弱、行为被动、身体弱小的学生。

被欺凌的孩子往往性格较为懦弱，容易服从强权，忍气吞声。如果在孩子的成长过程中，父母有一方特别的霸道，让孩子完全失去自我，服从父母的严格管理，孩子就会倾向于服从强权，在学校里也容易听从欺凌者的安排和要求。总而言之，仅有外界的呼吁和重视，并不能从根源上杜绝校园欺凌的发生，相反，培养每位学生强大的心理承受能力更为重要，这也需要学生自己能够有意识地去培养自信心并加强心理素质建设。

案例

小徐，男，12岁，小学四年级时随父母从老家来到某市定居。小徐家里还有一个哥哥，家庭属于中低收入水平，因为家里刚买了房子，全家人的生活比较拮据。小徐父母文化程度不高，平时工作很忙，父亲嗜酒且酒后对家人有家暴行为。小徐身材矮小，体态偏胖，性格孤僻胆怯，不爱说话。作为转学生，小徐转学以来学习状态不好，学习成绩退步明显。同时，因经历了两个学期的欺凌，小徐变得更加胆小、孤僻和自卑，长期处于情绪不稳定的状态，情绪时而低迷时而愤怒，甚至出现了严重的厌学情绪。

（三）围观者

围观者即观看欺凌过程的学生。这个群体人数众多、角色复杂，在欺凌事件中由于心态不同，所起的作用也不一样。从某种角度看，围观者也是欺凌事件的心理受害者。具体来说，这类群体还可以分为以下几种角色：

1. 旁观者。旁观者通常是置身事外的围观者。他们想看看发生了什么事情，既不会偏向欺凌者，也不会偏向被欺凌者。大多数旁观者一是怕惹祸上身，二是持“事不关己，高高挂起”的态度。[①]

2. 协助者。协助者通常是欺凌过程中的被动型欺凌者。当欺凌行为发生时，协助者可能会参与部分欺凌的过程。有些围观者之所以成为协助者，主要是借此来保护自己免受欺凌。协助者的具体行为包括拍摄、传播、放哨等。[②]

3. 附和者。附和者也是欺凌过程中的被动型欺凌者。当欺凌行为发生时，附和者通常不会参与欺凌，但会在旁边嬉笑、叫好，或者说一些煽动性的话等。与协助者相似，有时附和者也只是想保护自己免受欺凌。

4. 阻止者。阻止者也称保护者，其态度偏向被欺凌者一方，但是否采取阻止行动，要视情况而定。因此，还可再细分为可能保护者和真实保护者。可能保护者认为应该帮助被欺凌者，但是此时不宜采取行动；真实保护者会帮助或尝试通过其他途径帮助被欺凌者，包括直接阻止欺凌过程、向教师报告、鼓励被欺凌者向教师报告等。

---

① 参见教育部基础教育司组织编写：《防治中小学生欺凌和暴力指导手册》，教育科学出版社 2018 年版，第 14 页。

② 参见教育部基础教育司组织编写：《防治中小学生欺凌和暴力指导手册》，教育科学出版社 2018 年版，第 14 页。

围观者的不同角色常常随着环境、氛围、外部干预力量等的变化而变化。[1]

三、校园欺凌的成因

（一）个体原因

青少年时期是人心理非常敏感的时期，青少年的内心充满矛盾和困惑。

青少年正值心理学家所谓的“危机岁月”，人生发展的十字路口阶段。一方面，这个阶段是他们理想信念迅速变化的时期，是价值观、人生观、世界观从萌芽趋于形成的时期。另一方面，这个阶段又是他们生理迅速成熟，而心理发展跟不上生理发展的青春期，这是一个幼稚与成熟、冲动与控制、独立性与依赖性错综复杂的时期。因此，青少年的心理发

① 参见教育部基础教育司组织编写：《防治中小学生欺凌和暴力指导手册》，教育科学出版社2018年版，第14~15页。

展必然是两极分化的，[①] 心理矛盾性增强。中小学阶段，学生在思想上会出现反抗性和依赖性，在行为上会出现闭锁性和开放性，他们的内心非常矛盾，想要奋勇但是又非常孱弱，他们有骄傲但也自卑，对自己的过往有眷恋但也有否定，这些心理上存在的矛盾如果不能得到有效的解决，许多学生会选择通过欺凌的错误方式来表达。在这一时期，青少年的第二性征发育出现差别，有的学生会对发育过快或者过慢的学生进行嘲讽，或者是欺凌，有的学校出现了女生欺凌女生的行为。因身体上的特征变化对学生的心理产生影响，有的学生甚至开始自卑、胆怯和不敢表达，这种弱势的表现会被欺凌者认为是懦弱，从而选择对其进行欺凌。

（二）家庭因素影响

家庭是教育的重要方面，成长环境对青少年的人格形成有深刻的影响。父母是子女的第一位教育者，子女会本能地从父母身上汲取性格特点来充盈自身的人格，逐渐形成较为相似的行为模式和思维方式。所以，如果父母之间的相处模式充满暴力冲突，或是以“棍棒教育”对待子女，极有可能造成青少年的身心创伤，并促使其形成暴戾乖张的性格。当青少年无法在家庭中得到健康的教育，无法学会与人交往

① 参见本书编写组编：《青少年法律知识学习读本》，新华出版社2016年版，第92页。

的正确模式，就容易走上歧路，容易形成亚健康的人格，从而攻击他人，具体表现为制造校园暴力、形成攻击性和反社会人格等。

很多青少年的父母长期在外地工作，很少关心孩子在学校的情况，不注重对孩子进行心理上的疏导和教育，使许多青少年得不到及时的关心和照顾，在遇到校园欺凌时不敢进行反抗，长此以往，青少年会在心理上产生抑郁情绪，甚至有的青少年会出现自残、自杀行为。

家庭教育功能不健全、隔代教养、过度溺爱、成长环境孤独等，容易使青少年形成我行我素，唯我独尊，遇事只考虑自己利益，漠视他人的偏执性格。遇到不符合自己意愿的问题容易走向极端。比如，一旦自己的利益受到外界的侵犯，就会立刻采取极端行为进行反击，其中不乏通过伤害对方身体或性命来发泄自身愤怒的暴力行为。①

（三）学校因素影响

中小学生在成长过程中，除了家庭，停留时间最长的地方就是学校，学校教育是影响中小学生成长的重要因素。这种影响体现在许多方

① 参见崔祥烈主编：《聚焦学校安全：18 类校园事故专业应对指南》，新华出版社 2016 年版，第 117 页。

面：学校教育向中小学生灌输科学文化知识，学校教育环境熏陶中小学生的道德情操和法律意识，引导其树立正确的价值观和人生观，坚守法律法规等。这些无不影响中小学生对行为准则的学习、对科学知识文化的传承及其自身价值的认知。[①] 但目前有的学校存在如下问题：

1. 学校重智育轻德育。学生学习成绩的好坏成为评价学校好坏的重要指标，甚至是唯一指标。于是，有的学校专注于追求学生成绩的提升而忽视对学生必要的法治教育、安全教育、心理健康教育，使部分成绩不好的学生在学业上受到挫折以后，转而通过其他方式来体现“存在感”，以赢得在同学当中的地位，而一部分学生则成为受害者。

2. 学校和教师处理校园欺凌时，和事了事。学校存在所谓的“校霸”“班霸”，通常学校和老师是知道的，但是有的学校对该种情况“睁一只眼闭一只眼”，只有当面碰到了欺凌现象，才会批评教育或者叫家长，但最后往往也是不了了之。施暴的人继续施暴，被欺负的人继续被欺负，而且还可能出于报复，施暴的人变本加厉，学校没有足够的安全保障机制来保护学生，学生没有安全感。这也是很多学生被欺凌后没有告诉学校、老师的原因。

（四）不良同伴影响

不良同伴往往不讲原则，不分是非，只讲所谓“哥们义气”，以私利为重。为了“哥们”，什么事都敢做。“哥们义气”是比较狭隘的一种观念，信奉的是“为朋友两肋插刀”“士为知己者死”“有福同享，有难同当”等，即使是做错事，甚至是触犯法律，也不能背叛所谓的“义”字。这种观念将个人或者某个小团体的利益视为最高，这与同学之间真正的友谊是截然不同的。[②]

---

① 参见江华波等：《校园霸凌的预防与应对》，暨南大学出版社2018年版，第82页。

② 参见张良科编著：《图解孩子青春期行为心理学》，北京工业大学出版社2016年版，第88页。

有的青少年常常与素不相识、毫不相干的人讲“哥们义气”，一起吃顿饭、一起玩，就成了“朋友”，有求必应，不分青红皂白，学着他人去抢劫、斗殴，成为罪犯，到头来后悔莫及。“义气”二字很有诱惑力，像“有福同享，有难同当”“为哥们儿拔刀相助在所不辞”等，一旦迷信了这些东西，就会为“哥们儿”不分黑白，不管是非，不顾法纪法规铤而走险，违法犯罪。有的青少年为了帮助“哥们儿”去打架，不问情由，拔刀就刺，结果自己锒铛入狱，也给他人带来了痛苦，给社会带来了危害。

尤其是在初中阶段，不同的学生由于性格、爱好、审美、对待事物的态度和处理各种事情的思考方式等各方面呈现一致性而聚集在一起。在非正式群体中，同伴和同伴之间相互学习、模仿，从而不断发展自己的认知、学习能力和处理事务的能力。但是，由于初中生还处于孩童向成年人转换的阶段，身心发育尚不完整、成熟，没有形成正确的世界观、人生观和价值观，也没有完全辨别是非对错的能力。所以，加入非正式团体的学生，很容易受到团体其他成员的影响，为了不脱离自己所在的团体而在言行或者思想上表现出一定的盲目性。好的学生团体会促使团体成员积极向上，认真学习，有益于学生的成长；反之，那些具有不良行为习惯或者思想方式的群体，可

能由于不具备正确的辨别判断能力而做出一些出格的事情，从而成为引发校园欺凌的一个因素。

（五）社会因素影响

社会具有多面性，青少年的认知能力、辨别能力尚未健全，社会经验、生活阅历不足，所以更加容易受到不良社会风气的影响，在遇到负面刺激时，可能会选择通过欺负弱小来释放压力。针对未成年人是非判断尚未确立的情况，社会教育影响的整改迫在眉睫。在网络科技发达的时代，信息爆炸式地传播，青少年获取信息也更加容易，网上随处可见暴力视频、暴力影像，或者暴力游戏、暴力书籍等。青少年的是非判断能力还没有完全形成，对社会上大量涌现的这些刺激和新鲜事物，青少年会出于兴趣或好奇而进行了解，无论其是否学习模仿，都将受到不良教育的影响。

学校周边环境也存在很多可对青少年产生不利影响的因素，部分中小学周边分布大量的网吧、游戏厅等娱乐场所，一些自制力较差的青少年长期沉迷其中，耽误学业，变得萎靡堕落，性格偏颇固执，成为校园的不稳定因素，他们通常喜欢拉帮结派，把游戏里的情景还原到现实，逐渐地也开始打架、欺凌同学。

有专业统计数据显示，不良的周边环境，如网吧、歌舞厅、录像厅、游戏厅等娱乐场所，很容易诱导青少年趋向不健康的生活状态，甚至走向犯罪的道路。这是因为校园周边的网吧、游戏厅里往往聚集大量社会闲散青年，他们身上有各种不健康的生活方式，比如，憎恨社会、看谁都不顺眼、喜欢小偷小摸、一言不合就拳脚相向。这类社会闲散青年对网络、游戏的熟知程度和操作技能往往优于在校学生。缺乏是非判断能力的青少年在这样的环境中极易对这些社会闲散青年产生盲目崇拜的心理，乃至效仿他们不良的生活习惯，接受他们不正确的人生观和价值观，这对青少年的健康成长是非常不利的。①

四、校园欺凌的危害

就像《玫瑰少年》的歌词里唱的："多少无知罪愆，事过不境迁。"校园欺凌事件不仅给被欺凌者造成巨大的精神痛苦和伤害，也给欺凌者和围观者造成难以磨灭的心理伤害。

（一）对被欺凌者的危害

对于被欺凌者而言，作为校园欺凌中最严重的受害者，其身体和心理健康都遭受了严重的伤害。从扇耳光、抓头发到拳打脚踢、用刀子捅伤至住院等不同程度的欺凌，都对被欺凌者的身体造成了伤害。比如，发生于山东泰安的校园欺凌事件中，被欺凌者在遭受欺凌的第二天考试时感觉腹痛难忍，被老师送至医院，最后切除了脾脏。同时，校园欺凌也给被欺凌者造成了心理伤害。长期经受恐吓威胁，会对被欺凌者的心理造成创伤，严重者甚至会产生心理疾病，从而做出自残、自杀等行为。美国著名女演员、奥斯卡奖获得者凯特·温斯莱特上学时曾因为体重受了很多折磨。"我因为肥胖变得很害羞，16 岁的时候经常受到同学

① 参见宗春山：《大夏书系·少年江湖：校园欺凌的预防和应对》，华东师范大学出版社 2018 年版，第 33 页。

的嘲笑和欺负。感觉很差劲，这样过了大约两年。最后，我只好跟我妈妈说了，又告诉了老师。”[①]《十三个原因》是一部以校园欺凌为主题的美剧，讲述的是一个关于欺凌、毒品、性侵、自杀的校园故事。以自杀者留下的录音带为线索展开叙述，13 段录音分别代表 13 件事情或人物，也就是造成女主角自杀的罪魁祸首。并用这些故事逐一讲述作为转校生的美丽女主角，是如何从对崭新校园生活充满憧憬和幻想，一步一步走向噩梦的故事。

校园欺凌带来的心理创伤可能是长期的，会影响一个人的人格发展、社交发展和道德发展，而且在当事人脱离校园进入社会之后，仍然长期地受到过去经历的负面干扰。有些案例中，当事人已经远离被欺凌事件多年，但是身体创伤恢复了不等于心理创伤就会消失。有一些人因为曾被欺凌而总是感觉非常焦虑，害怕自己“惹到事情”，在人际交往中趋向于退缩回避，不交朋友，甚至影响自己的婚姻幸福。[②]

① ［美］麦克·卡西迪：《远离校园欺凌——你该怎么做？》，雷秀云译，上海交通大学出版社 2018 年版，第 132 页。

② 参见穆岩编著：《应对校园欺凌的“孙子兵法”——案例分析与应对体系》，广东科技出版社 2020 年版，第 16 页。

“活在一次次自我撕裂、一次次自我重组的绝望中。”“我无数次幻想自己成为《夏洛特烦恼》里的夏洛，穿越回去，把他们暴打一顿，这才是对自己最好的抚慰。”“我经常失眠，经常会情绪突然失控。人际关系也遇到了问题，不愿与人深交，特别想得到爱，又特别害怕失去。”“那段被欺凌的日子，我觉得自己像奴隶社会决斗场中的一种被人取乐的工具。一个人出手打你，你不还手，他就继续发力。你还手，他更开心……会再上来一个人压制你。痛苦根本就是无法解脱的，就像空气，怎么都躲不掉。”① 从这些曾经的校园欺凌当事人的陈述中，可以感受到长期心理创造对他们的影响。

知识窗

校园欺凌受害人恶逆变

在校园欺凌中，加害人相对来说是积极主动实施暴力行为的一方，被害人则是被动无奈接受暴力对待的一方，但是这两者的地位并非固定不变的，而是处于一种互动的状态，在两者互动的过程中，就会出现另一个情况——受害人向加害人转化，对此问题，被害人学已经做了较为深刻的研究，并将此种现象用恶逆变来描述。但应注意的是，被害人恶逆变犯罪是犯罪原因和犯罪动机上的总括，它并不是一种犯罪的具体方式和手段，也不是由法律规定的具体罪名。

2015 年较为轰动的新闻是，一个遭受 7 年校园欺凌的 16 岁少年为了复仇捅死同学，获刑 10 年：王青（化名）从小学四年级直到高中二年级，几乎每天都在遭受校园欺凌的侵害，随

① 宗春山：《大夏书系·少年江湖：校园欺凌的预防和应对》，华东师范大学出版社 2018 年版，第 24 页。

时随地的辱骂与殴打、无所不在的嘲笑与恶意，使王青的心理与身体饱受折磨和摧残。他向父母求助却没有得到重视。向老师求救，老师口头批评施暴者后，王青受到的却是又一顿毒打。在对现实失望后，王青最后持刀捅向了长期欺凌他的谭某，致使谭某死亡，王青被法院判处有期徒刑10年。

上述案例中，遭受7年校园欺凌的王青，最初是校园欺凌的受害人，但最后，当他捅死了长期对其实施暴力的同学后，他便从校园欺凌的被害人转换成了加害人，长期欺凌他的同学则由校园欺凌的加害人转换成了被害人，这就是恶逆变的过程。①

（二）对欺凌者的危害

校园欺凌对欺凌者也带来了很多伤害。第一次的欺凌事件可能是无意的，然而遭受老师的惩罚、家长的谴责、同学的避而远之后，欺凌者的心理产生了强烈的反抗感和孤独感，从而想通过一次次的欺凌引起大家的注意，获得“成就感”。对校园欺凌加害人的研究发现，校园欺凌对加害人的危害主要体现在三个方面：形成不良人格、出现社会化障碍以及形成攻击性倾向。

校园欺凌事件中的欺凌者往往存在人格缺陷，需要被矫治。这些人格特点包括固执、易怒、狭隘等，如果没有得到及时的教育矫治，欺凌者的种种行为就会被其理所当然地认为是正确的。欺凌者一旦坚信这种认知和习惯，往往将之视为一种正确的解决问题的方法，在处理与他人的矛盾时会更加倾向于选择暴力的手段，容易与人发生冲突，形成不良

① 参见姜家敏：《校园暴力被害人恶逆变问题探析》，华东政法大学2019年硕士学位论文，第10~11页。

的人格。[①]因此，欺凌者在生活实践中会逐渐形成通过暴力解决问题的倾向，并逐渐显现出来，阻碍其融入集体。欺凌者所主张的用暴力解决问题的逻辑，使其他的人都害怕与其交往，进而使欺凌者处于孤立无援的境地。欺凌者在经历过前面两个阶段以后，会认为社会上的其他人不愿意接纳自己，将自己视为异类，会增加其对社会的憎恶感，更加巩固其暴力倾向。该种不良人格会伴随欺凌者很长一段时期，甚至其终身都会受到这种习惯的影响。随着年龄的增长，其有很大可能走上犯罪道路。奥维斯的研究表明，经常欺凌他人的儿童成年后的犯罪率是正常人的 4 倍。[②]

心理学家弗洛伊德曾经说过："成人的行为是在圆儿时的梦"。也许一个作家写出伟大作品，是源于其幼年时听过的童话故事所受到的感动。而一个十恶不赦的罪犯的产生，也可能和他在童年时抢夺同学书包所得到的那种"欢乐"和"鼓舞"分不开。校园欺凌和校园暴力行为可以孕育犯罪。从侵财犯罪的诈骗、盗窃和抢劫，到故意伤害、故意杀人、猥亵、强奸等严重罪行，都可能和个人在青少年时期的校园欺凌和校园暴力行为有直接或间接的关系。[③]

对欺凌者而言，其在成年之前可能只是受到家庭、学校、社区以及社会的道德谴责，这种谴责会加剧其与他人的距离，成年之后很可能面临的就是牢狱之灾。校园欺凌对于欺凌者的伤害早期表现为精神方面，所以不易被人所察觉，人们进而错误地认为欺凌者未受到侵害，实际上这种精神伤害最终会对欺凌者造成身心的双重伤害，应该引起社会的关注。倘若家长和学校没有采取正确的措施引导欺凌者改正错误行为，极

---

① 参见章恩友、陈胜：《中小学校园欺凌现象的心理学思考》，载《中国教育学刊》2016 年第 11 期。

② 参见王丽萍：《简论学校欺负：受欺负对中小学生的影响》，载《青少年犯罪问题》2011 年第 6 期。

③ 参见王大伟：《校园欺凌：问题与对策》，中国国际广播出版社 2017 年版，第 7 页。

有可能将校园欺凌者推向违法犯罪的深渊。

（三）对围观者的危害

围观者虽然没有直接参与校园欺凌的过程，但是他们也很难摆脱校园欺凌带来的不良影响。别人受到的欺凌会对围观者的心理造成一定的影响，在欺凌过程中，如果围观者没有伸出援手，看到被欺凌者忍受痛苦，有的围观者可能会对被欺凌者产生愧疚心理，“我为什么不上前阻止”“为什么不去帮他”“我是不是很没用”“真是个胆小鬼”等消极、自责的情绪，给围观者直接带来心理压力。[①] 他们可能会陷入严重的愧疚之中。

同时，围观者目睹欺凌事件，内心会产生害怕与焦虑，进而处在一种动荡不安的心理状态中，担心自己会成为下一个受害者，可能会对周围的环境产生害怕恐惧的情感。而在充满暴力的环境下成长的青少年则可能学会以暴力攻击的方式来解决问题。

---

① 参见陶红亮编著：《中小学生预防校园欺凌知识读本》，应急管理出版社2019年版，第35页。

（四）对家庭和学校的危害

1. 对家庭的危害。越来越多的校园暴力事件给相关的家庭带来了无尽的痛苦。无论对施暴者还是受害者来说，他们的家庭都无一例外地因为他们年轻的生命过早地偏离轨道甚至陨落而陷入痛苦，这种切肤之痛也只有饱受校园暴力之害的家庭才能够真正体会。

对于受害者一方，校园暴力给其家庭带来的伤害是显而易见的。集家人万千宠爱于一身的孩子遭受校园暴力行为的伤害，整个家庭都会因为伤害事件长期处于悲伤的氛围之下，这无疑会给原本幸福完整的家庭蒙上巨大的阴影，尤其是一些严重的伤害事件，给受害者家庭带来的伤害程度之深更是外人无法想象的。①

对于施暴者来说，不仅其本人以身试法，其家庭更因为他们的一时冲动而背负巨大的包袱，承担了令人难以想象的精神压力，他们的父母乃至整个家族可能因此生活在社会舆论与自我良心的谴责之下。②

2. 对学校的危害。学生参与校园暴力活动，严重破坏校园风气，扰

---

① 参见本书编写组编：《青少年法律知识学习读本》，新华出版社 2016 年版，第 88 页。

② 参见本书编写组编：《青少年法律知识学习读本》，新华出版社 2016 年版，第 88 页。

乱校园秩序，影响校园稳定。尤其是群体性的校园暴力事件影响更为恶劣，极易被少数人挑拨利用，形成不安定因素，危及学校乃至社会的稳定。发生在学校的侵害青少年学生人身权的校园暴力行为，有时造成的肉体伤害后果并不严重，但却对受害人的心理健康造成极大消极影响。一些社会上的不法分子进入学校，寻衅滋事，殴打青少年学生的事件时有发生。这种行为，不仅侵犯了青少年学生的人身权，也严重破坏了学校的正常教学秩序，使青少年学生缺乏安全感，无法安心学习。[①]

① 参见刘若谷：《引领与成长——低龄触法未成年人矫正研究》，人民出版社 2019 年版，第 57 页。

第二单元　言语欺凌——“软刀子”深深刺痛了我

别再嘲笑我，也别再辱骂我
别再把你们的快乐建立在我的痛苦之上
我只是一个戴着眼镜的小男孩，被他们称作呆子的男孩
我或者是一个从来都不笑的小女孩
因为我的牙齿上戴着牙套
而我深知，拥泪入眠的感觉
我就是那个，在任何一个游乐场上都是
最后一个被选择的孩子
年轻的单亲妈妈那么努力地帮我克服过去的阴影
你不必成为我的朋友
然而，难道提出这样的要求很过分吗：别再嘲笑我
别再辱骂我
别再把你的快乐建立在我的痛苦之上……
别再嘲笑我，我很胖，我很瘦，我很矮，我很高
我失聪，我失明，嗨，难道我们不都是这样的吗
——［美］史蒂夫·希斯金、［美］艾伦·西姆布林《别再嘲笑我》

一、言语欺凌是什么

言语欺凌是校园欺凌的主要形式。言语欺凌不太容易被注意到，因为言语欺凌不像身体欺凌那样以外在的形式表现出来，其伤害的是人的心理及精神，是一种软暴力，多发生在小学高年级和初中阶段，其形式一般表现为起绰号、威胁、戏弄、辱骂、奚落、嘲笑、造谣等。嘲笑和辱骂是一种司空见惯的行为。美国霍夫斯特拉大学的心理学家做过的一个调查表明，100% 的青少年都有过被人辱骂的经历。[①] 低年级的孩子在发生冲突时会相互辱骂。对于年纪较小的孩子来说，骂人通常是为了自我保护——保护自己的身体、自己的玩具或者自己的地盘。刚开始的时候，他们可能会怒吼，“滚开……别烦我……我讨厌你！”慢慢地，他们可能会转而进行人身攻击，比如，“你这个笨蛋！”因为这样更伤人。这些话的确“有效”。成功地用骂人的话刺痛别人之后，他们可能会想当着围观者的面再试一试。这么做可能会给他们带来双重的满足感，既伤害了他们的攻击对象，又得到了围观者的敬仰。骂人刚开始只是应对冲突的一种方式，后来却成为在群体中争夺地位，以及区分谁是“自己人”、谁是“外人”的策略。[②]

---

① ［美］迈克尔·汤普森、［美］凯瑟琳·奥尼尔·格雷斯、［美］劳伦斯·科恩：《朋友还是敌人：儿童社交的爱与痛》，钟煜译，中信出版社 2018 年版，第 122 页。

② ［美］迈克尔·汤普森、［美］凯瑟琳·奥尼尔·格雷斯、［美］劳伦斯·科恩：《朋友还是敌人：儿童社交的爱与痛》，钟煜译，中信出版社 2018 年版，第 123 页。

在某种程度上，言语欺凌比肢体欺凌造成的伤害更大。长期遭受言语欺凌，会使青少年整日生活在软暴力的阴影中，影响身心健康，造成学习困难及学业成绩严重下降，甚至厌学的情况。久而久之，他们会对自己缺乏信心和勇气，继而产生对现实世界的不信任，形成习得性的无助感，严重的还会悲观厌世，寻短见自杀。

案例

我是一个很活泼的女孩，因此很爱交朋友，可是只因为在朋友中有几个男孩，别人就说三道四。有一次，几个爱“嚼舌头”的同学故意在我面前吵嚷笑闹，说些不堪入耳的话，当时我的眼泪在眼眶里打转转。事后我跑到僻静处大哭一场，发誓再也不和男孩交朋友了。可我怎么也想不到，有几个知心朋友向我透露，一些“长舌头”又说我假正经，背地里还不知都干了些什么见不得人的事。我听后如五雷轰顶。我觉得我就像那起伏不定的小舟，在江河大海中四处飘摇，无所适从。

我该怎么办呢？[①]

——摘自一名初二女生的来信

喜欢开玩笑，对哄闹也颇为热衷，这是青少年的又一个特点。在正常情况下，同学之间开玩笑，可以调剂精神，增添欢乐气氛。但是，如果开玩笑的方法不当、内容不妥、语言不文明，或者不分对象、不分场合任意取笑同学，就会适得其反，甚至会产生“破财”伤身的严重后果。[②]

我们经常听到的一种说法是，他们“只是在开玩笑”。有时实施欺凌的人认为自己仅仅是在取乐，而且不认为这是一个很大的问题。不过，无论是在线上还是线下，这种所谓的玩笑对当事人来说可能都是一件很大的事情，而且并不好笑。那么，怎样的“玩笑”会跨越界限，进入侮辱和伤人的范畴呢？这是一个很难回答的问题，因为一个人认为好笑的事情可能会使另一个人感到痛苦，这取决于他/她的个性、幽默感、自尊以及当时的状态或情绪。例如，你可以开自己的玩笑，将自己称为“书呆子”，或者在一顿大餐之后拍着自己的肚子说自己像孕妇一样。当你仅仅谈论自己时，这是很有趣的事情，但是当你将同样的玩笑用在别人身上时，对方可能会认为这种说法非常刺耳，令人难堪。你和对方的熟悉程度也是一个影响因素。如果你最好的朋友总是在数学考试中取得好成绩，你称她为“书呆子”，她可能感到好笑（而且知道你只是在开玩笑）；如果你和对方不是很熟悉，她可能认为这是一种侮辱。[③]

在女生言语欺凌中，被欺凌者往往是身材、样貌较好的女生，而欺凌者主要针对受欺凌者的外形、穿着或者是她们的性格，冠以侮辱性词

---

① 参见刘晓明：《初涉人世：交往心理咨询》，黑龙江人民出版社1999年版，第69页。

② 参见房余龙主编：《青少年自我保护手册》，苏州大学出版社2012年版，第135页。

③ 参见［美］贾斯汀·W. 帕钦、［美］萨米尔·辛社佳：《语言暴力大揭秘：跟网络欺凌说“不”》，刘清山译，黑龙江教育出版社2017年版，第46~47页。

汇，挫伤受欺凌者的自尊。不断重复的辱骂是有杀伤力的，那些被辱骂的人会逐渐相信他们所听到的，即便那并不是真的。

同学间常常互开玩笑或互唤绰号，若态度友好，不失为一种乐趣。但是，骂人、羞辱和威胁都是言语欺凌的表现，绝不能纵容。每个人的名字都有不同的含义，饱含种种期望以及爱的寄托。为了表示对这份爱的寄托和对别人的尊重，绝对不能恶意地随便给别人起绰号。

《民法典》第 1024 条规定，任何组织或者个人不得以侮辱、诽谤等方式侵害他人的名誉权。从法律规定中可以得知，给他人取绰号不仅侵犯了他人的名誉权，同时也侮辱了他人的人格，应该立刻停止侵害，并且向他人赔礼道歉，恢复他人名誉，消除影响，如果给他人造成精神上的损失，侵权人还必须赔偿损失。所以，青少年一定要养成文明礼貌的习惯，杜绝起绰号现象。

二、言语欺凌案例分析

案例一

初二学生吕某担任一段时间的班干部后发现，之前和她关系还不错的同学都变了，总以各种理由挤对她。吕某以为过段时间事情就结束了，大家会接受她担任班干部，

没想到一段时间后，这种现象反而愈演愈烈。一天吕某去厕所时，被同学堵在里面骂："你学习差，还当班干部，还要不要脸了？"

吕某在厕所里的遭遇就是言语欺凌。言语欺凌主要是通过语言来对他人的心理造成伤害。例如，使用恶意的语言威胁、恐吓，传播谣言和错误的信息等，这也是一种比较常见的欺凌方式，言语欺凌往往会给被欺凌者造成严重的心理伤害。[①]

案例二

某中学学生张某班中的几名同学给他起了侮辱性绰号，并不断向其他同学扩散。张某不知如何是好，无奈、委屈之下，他选择从12层楼跳下，结束了自己的生命。[②]

① 参见佟丽华主编：《反校园欺凌手册（学生读本）》，北京少年儿童出版社2017年版，第5页。

② 参见毛振明、孙璞、何卫国主编：《中小学生安全与保障教育（初中三年级）》，华文出版社2014年版，第55页。

言语欺凌带给受害者的是负面的情绪，甚至导致其心理畸形。并且，当第一次的羞辱与侮辱得逞之后，加害者会产生第二次甚至多次攻击的渴望，这种渴望一旦形成，接下来的每次攻击就会变本加厉，让长期遭受言语欺凌的受害者出现畏畏缩缩、自卑、抑郁、厌世等情绪，严重的会出现自杀倾向。言语欺凌带来的伤害是肉眼看不到的，往往造成受欺凌者心理上的创伤，且实施便捷，不易留下证据。

案例三

某中学被曝出"初一女学生长期遭受同班同学辱骂而自杀未遂"事件，该事件迅速引起社会广泛关注。由于该学生是班级中的一名"差生"，其同学对她道出极度不堪入耳的辱骂性语言，构成严重的校园欺凌行为，对该女学生的精神造成了极大的伤害。

案例四

一名受言语欺凌的初中生谈道："我真的快疯了，因为我长得比较黑。我们班有男生给我取绰号'黑包公'，结果几乎所有男生都这样叫我。我也反驳过，还和他们对骂，可是我越骂他们，他们越叫得放肆。我告诉过爸爸，爸爸说我'小题大做'，叫就叫吧，不理就好。我也告诉过老师，老师批评过那些男生，但只要背着老师。他们还是这样叫我，我该怎么办啊？每天去上学都是我噩梦的开始……"①

① 参见清琅：《你就是孩子的起跑线：美国华裔名校生的成长访谈及美式教育之鉴》，中国经济出版社 2019 年版，第 216 页。

我们可以看到，这些欺凌主要表现为使用难听的语言侮辱或者嘲笑，包括辱骂、贬低、恐吓甚至是威胁。加害者凭借自认为很有气势的言语对受害者施以攻击，侮辱其人格和尊严，但自己却认为并无大碍。言语欺凌会让主导的一方在攻击后产生临时的爽快情绪，认为自己加害的对方已臣服于自己，并且能从中得到快感。

第三单元 身体欺凌——暴力侵害不是闹着玩

一、身体欺凌是什么

身体欺凌也可以称为肢体欺凌，是最容易辨识的一种欺凌手段，包括刻意推搡、拳打脚踢、扇耳光以及拖拽碰撞等肢体暴力行为。身体欺凌是引发严重人身伤害和构成违法犯罪的重要因素。

《校园亲密关系暴力事件实务处理手册》指出，肢体虐待、强迫、妨害自由、引诱从事不正当职业或行为、性侵害、违反性自主权等身体侵害行为都属于身体欺凌。虐待的动作包含打、捶、踢、推、拉、扯、咬、扭、捏、撞墙、揪发、扼喉、使用武器或工具等，这些侵害所造成的伤害有时候可以看得见，如瘀伤或割伤，有时候是内伤，未必能以肉眼察觉，如脑震荡或脱臼。

虽然身体欺凌是最明显、最

容易被识别的欺凌形式，但有相关数据表明，身体欺凌仅占被报告的欺凌事件的1/3。它很少作为首选形式被欺凌者使用。欺凌常常始于言语欺凌和（或）关系欺凌。只有当欺凌者发现上述两种行为可以得逞时，才会转而使用身体欺凌这种伤害程度更严重、欺凌结果更明显的欺凌形式。欺凌者越是年长和强壮，伤害就越具有危险性，即使他们没想造成严重的伤害——“我就是想吓唬他一下，没想到会弄断他的胳膊。”

身体欺凌可以包括但不限于扇耳光、使人窒息的动作、拳打脚踢、咬、掐、抓挠、将四肢扭转到痛苦的位置。校园内的身体欺凌常出现在宿舍、教学楼楼道、厕所等监控录像的死角区域。加害者会运用自身的身体优势对比自己年幼、瘦小的受害者加以肢体攻击，他们知道对方因为身体瘦弱或性格胆小，不会进行反抗。男生之间多用拳打或者脚踢的方式殴打，女生一般会选择抓头发、脱衣服等羞辱对方的方式。并且，与言语欺凌一样，一旦加害者在第一次得手之后，便会有了第二次的渴望，随之就会变本加厉，严重的身体欺凌会导致受害者身体残疾，甚至死亡。①

对于遭受身体欺凌的孩子来说，基本上可以断定，他（她）在受到

① 参见［美］芭芭拉·科卢梭：《如何应对校园欺凌》，肖飒译，华东师范大学出版社2017年版，第50页。

身体攻击之前，一定经历过言语和（或）关系欺凌。那些对同伴实施身体欺凌的青少年在所有欺凌者当中是最令人不安的，他们极有可能将身体欺凌进一步升级，演变成暴力的刑事犯罪。

二、身体欺凌案例分析

案例一

发生在某初中的一起校园欺凌致死事件中，几位少年因为琐事发生口角，被欺凌者在校园周边的一家网吧被三名同校欺凌者群殴三个多小时，最终抢救无效身亡。

案例二

发生于某职业中学的一起欺凌事件中，被欺凌者在遭受欺凌后第二天的考试中感觉腹痛难忍，被老师送至医院，最后被切除了脾脏。

案例三

某中学女生郑某某因生活琐事对另一女生孙某某怀恨在心，伙同杨某、万某、封某等人将孙某某先后带至公园及宾馆房间内，采取拳打脚踢、用皮带抽打、用石头和烟灰缸砸头等手段对孙某某实施殴打，并脱光其衣服拍摄照片、剪头发、用打火机烧其头发，致孙某某全身多处受伤。后杨某、封某、万某将所拍部分照片上传网络，导致照片在互联网迅速传播，社会影响极其恶劣。经鉴定，孙某某全身多处软组织挫伤，挫伤面积累计达表面积的10%以上，为轻伤一级。[①]

案例四

韩国大邱市一名13岁的男孩从位于七层楼的家中跳下身亡。他留下的遗书中详细描述了自己被同学们用棍棒和拳击手套重打、抢劫，以及用打火机烧伤身体和用电线像扎皮带一样勒在脖子上。他还写道，在遭受身体攻击之前，他曾成年累月地遭受言语欺凌、敲诈勒索和羞辱。[②]

案例五

发生在美国的一起校园欺凌事件中，18岁的中国留学生刘某被3名中国留学生用各种方式凌虐长达7小时。他们将受害者刘某的衣服扒光，穿着高跟鞋踹她，扇耳光并用烟头烫她，剪下她的头发强迫她吃下去。当他们和他们的家长以为可以用“还是一个孩子”等言语来“摆平”所谓的校园纠纷时，等待这3个孩子的是最短6年、最长13年的监禁，且刑满后将被驱逐出境。这起校园欺凌事件中，19岁的被告人章某并未动手打人，仅仅是帮忙拿了一把剪刀并开车，也被判处6年监禁。[③]

---

① 参见《江苏高院发布防治校园暴力典型案例，有3名被告平日带刀到校》，载搜狐网2017年5月31日，https://www.sohu.com/a/144806702_260616。

② [美]芭芭拉·科卢梭：《如何应对校园欺凌》，肖飒译，华东师范大学出版社2017年版，第50页。

③ 参见李钢：《校园欺凌频现，看看国外怎判》，载人民网2016年1月18日，http://edu.people.com.cn/n1/2016/0118/c1006-28064747.html。

这几个案例中，欺凌的表现形式均是以肢体暴力行为对待他人，包括踢、打弱势方，抢夺财物等，是最容易辨认的一种欺凌手段，会造成他人身体伤害。

第四单元　性欺凌——难言之隐与青春之痛

一、性欺凌是什么

性欺凌不同于性犯罪，是指以性或身体特殊部位为取笑、嘲弄对象，或拍摄、散播、描写令被欺凌者不舒服的与性相关的图片、影像及文字等，或攻击被欺凌者身体的特殊部位等的行为。此种行为会给被欺凌者造成非常严重的精神痛苦。

性欺凌的最常见方式是通过使用与性相关的言语、动作或者其他方式使受欺凌者感到害怕、羞耻。例如，性暗示语言、拍裸照、猥亵。

1. 侮辱、歧视性多元者。对同性恋、双性恋、跨性别以及其他不符合主流二元对立性别模式者进行攻击、侮辱、嘲笑、歧视，特别是针对其性向、性别特征和人格特质进行侮辱。性多元主体应该获得和其他主体一样被尊重的权利。对性多元者的歧视和侮辱，在校园里并不少见，甚至老师也会不经意间犯这样的错误，因此更需要予以重视。

2. 性暗示、性挑逗。以双关语、联想的方式表达具有性意味的言行，进行性戏谑；给不愿意看的人展示色情图片或书刊等；不顾对方反对，持续讨论情色话题或给对方发送相关资料；在他人不愿回答的情况下，坚持借题发挥询问个人的性生理状况等。性暗示、性挑逗是否属于性欺凌要看具体语境。不认为有性意味者不构成性欺凌，认为有性意味而接受者也不构成性欺凌，认为有性意味而觉得不舒服的，可以明确反对，对方仍然进行的，构成性欺凌。

3. 性窥视。在他人明确拒绝或者反对的状态下，仍乘人不备窥视或者强行注视对方。如偷看他人上厕所、偷看他人的内衣或者身体隐私部位等。窥视之所以被人认为不友好，是因为其“窥” 而不是“性”。因此，如果在他人拒绝的状态下仍然观看的，构成性欺凌。

4. 性袭扰。故意以肢体碰触异性，或做出足以让异性惊吓、困扰的性袭击和扰乱行为。如强行掀女生的衣裙，当然，男生作为受害人的性欺凌也存在；乘其不备，触碰隐私部位，故意触碰对方的身体，使其感觉不快；强行拥抱；尾随、跟踪或挡住去路等。性袭扰因其不友好，常造成对方心理上的惊吓、困扰和身体伤害，构成性欺凌。

5. 性攻击。以暴力或胁迫方式，实施攻击性行为，包括强奸以及对他人身体的伤害，如将女生拖至厕所或校园角落进行强行抚摸等行为。性攻击行为是很严重的性侵害行为，比一般性欺凌严重。[①]

校园性欺凌产生的原因主要有以下几个方面：

首先，色情信息泛滥。我国法律对性骚扰的概念没有明确的规定，通常意义上，性骚扰是指一个人以某种利诱或威胁为要挟，将自己的性要求强加于他人，迫使他人服从自己的性意志。包括语言上的侮辱、威吓，对身体的猥亵和性的引诱、挑逗，违背本人意愿的拥抱等身体接触等，最严重的是性侵害。青少年在受到性骚扰后常常陷入被动、自卑、无奈的困境，甚至会产生严重的心理创伤。

① 参见方刚主编、陈亚亚副主编：《积极行动：校园终止性别暴力工具包》，中国社会科学出版社 2017 年版，第 185~186 页。

其次，父母疏于监管。如今的青少年，生活物质条件优越，生理成熟更早、更充分。加之社会开放程度大大提高，青少年更早地接触、关注了性方面的信息，也更早地被启发了性方面的意识。在生活方式上，现在的青少年有了更多的不在父母监管下的生活机会，独立空间更多了，如父母忙于工作、应酬，孩子们相约外出旅游过夜等也逐渐被接受。①

最后，从受害人因素来看，青春期异性交往容易招致性欺凌，与异性交往的态度、言行过于随意，易招致性骚扰、性侵害。包括言谈的随意性——过分的玩笑、诱惑性的语言；行为的随意性——打闹造成的身体硬性接触，你推我一下，我抓你一把，参与性玩笑、抛媚眼、表现媚态；装扮的随意性——涂抹眼影、胭脂、口红，穿耳洞、烫发、穿着暴露或紧身衣隐现性征。当上述现象综合表现时，被骚扰或侵害的概率更高。其实，未成年人在异性面前用言语的各种方式表达情感、示爱，不一定意味着她（他）愿意与对方发生肢体上的接触，但是上述的某一种或某几种综合行为，对某些异性来说，会形成一种错误的信息或暗示，使对方产生我可以和他（她）这样做或“发生了也不会怎样”的错觉，致使一些居心不良的成年人或无知、猎奇、不辨是非、不能自我控制的未成年人乘虚或借机而入。②

未成年人是受我国法律特殊保护的群体，因为这一群体的心智发育还很不健全，对于许多事情缺乏相应的判断能力。未成年人应该严格要求自己，做一个学生应该做的事情。

---

① 参见金浩主编：《麦芒的金钟罩：中学生校园安全知识读本》，上海大学出版社2013年版，第74页。

② 参见王振峰、潘度文主编：《预防少年性犯罪知识手册》，中国社会出版社2011年版，第42页。

法律链接

最高人民法院、最高人民检察院、公安部、司法部《关于办理性侵害未成年人刑事案件的意见》

第1条 本意见所称性侵害未成年人犯罪，包括《中华人民共和国刑法》第二百三十六条、第二百三十六条之一、第二百三十七条、第三百五十八条、第三百五十九条规定的针对未成年人实施的强奸罪，负有照护职责人员性侵罪，强制猥亵、侮辱罪，猥亵儿童罪，组织卖淫罪，强迫卖淫罪，协助组织卖淫罪，引诱、容留、介绍卖淫罪，引诱幼女卖淫罪等。

第2条 办理性侵害未成年人刑事案件，应当坚持以下原则：

（一）依法从严惩处性侵害未成年人犯罪；

（二）坚持最有利于未成年人原则，充分考虑未成年人身心发育尚未成熟、易受伤害等特点，切实保障未成年人的合法权益；

（三）坚持双向保护原则，对于未成年人实施性侵害未成年人犯罪的，在依法保护未成年被害人的合法权益时，也要依法保护未成年犯罪嫌疑人、未成年被告人的合法权益。

第18条 在校园、游泳馆、儿童游乐场、学生集体宿舍等公共场所对未成年人实施强奸、猥亵犯罪，只要有其他多人在场，不论在场人员是否实际看到，均可以依照刑法第二百三十六条第三款、第二百三十七条的规定，认定为在公共场所“当众”强奸、猥亵。

《刑法》

第236条 【强奸罪】以暴力、胁迫或者其他手段强奸妇女的，处三年以上十年以下有期徒刑。

奸淫不满十四周岁的幼女的，以强奸论，从重处罚。

强奸妇女、奸淫幼女，有下列情形之一的，处十年以上有期徒刑、无期徒刑或者死刑：

（一）强奸妇女、奸淫幼女情节恶劣的；

（二）强奸妇女、奸淫幼女多人的；

（三）在公共场所当众强奸妇女、奸淫幼女的；

（四）二人以上轮奸的；

（五）奸淫不满十周岁的幼女或者造成幼女伤害的；

（六）致使被害人重伤、死亡或者造成其他严重后果的。

第 237 条第 3 款 【猥亵儿童罪】猥亵儿童的，处五年以下有期徒刑；有下列情形之一的，处五年以上有期徒刑：

（一）猥亵儿童多人或者多次的；

（二）聚众猥亵儿童的，或者在公共场所当众猥亵儿童，情节恶劣的；

（三）造成儿童伤害或者其他严重后果的；

（四）猥亵手段恶劣或者有其他恶劣情节的。

二、性欺凌案例分析

案例一

某平台曾曝光一起校园暴力事件，事件发生在某中学，视频中一名女中学生被 8 名女生轮番围殴，令人不忍直视。受害女生被威逼拍摄“不雅视频”，并被播放给该校全体学生观看。

案例二

某中学初三学生赵某在教室讲台前说明谢师宴相关事宜时，引发四五名男生的不满，问赵某："你很了不起吗？"然后几个男生将赵某压在地上，将其双手压制并掀开衣服，触碰其身体隐私部位，让班上男生围观，最后还是靠同班其他女生出面阻止了该行为。[①]

案例三

13岁女生王某，平时爱说爱笑，性格开朗活泼，喜欢与男生交往，且经常与本班男生开玩笑或打闹。一天，同班的几个男生出于好奇和"恶作剧"心理，与王某开了一个性质严重的"玩笑"：放学后做完值日，趁王某又和他们打闹的机会，几个男生将王某推倒在地，强行脱去其衣服，有的进行了猥亵，有的发生了性行为。

案例四

12岁女生戚某因对本校一名16岁男生有好感，与该男生发生了身体接触。另有三名男生知道后，经常骚扰她。一天，他们三人将戚某强行带入学校一僻静处，强迫戚某脱衣，最终戚某被强奸。案发后四名男生以强奸罪被判处六个月至一年不等的有期徒刑。戚某身心受到极大损害，患了抑郁症，并求助于心理医生。[②]

---

① 参见江华波等：《校园霸凌的预防与应对》，暨南大学出版社2018年版，第9页。

② 参见王振峰、潘度文主编：《预防少年性犯罪知识手册》，中国社会出版社2011年版，第42~43页。

案例五

读初中的莉莉和明明是同校的学生。明明一直是个调皮捣蛋的学生，经常欺负其他学生，从来不服从老师的管教。明明有时会一直盯着莉莉看，莉莉虽然觉得奇怪，但是对于明明轻佻的眼神没放在心上。后来，明明开始对莉莉说“你是我老婆”这样的话，莉莉非常生气，可明明还是嘻嘻哈哈地说：“你本来就是我老婆！”并且威胁莉莉不能说出去，不然他不仅会打她，而且会到处和别人说莉莉是他老婆，让她在同学面前丢人，在学校待不下去。莉莉感到十分害怕，却不敢告诉老师和家长。久而久之，明明甚至开始特意碰触莉莉的身体，可莉莉还是不敢告诉别人。有一天放学后，明明趁莉莉回家时把莉莉强奸了。莉莉这才哭着回家告诉了爸爸。爸爸带着莉莉报了警，并且把这件事告诉了老师。明明虽然受到了应有的惩罚，但是莉莉却也因此患上了严重的心理疾病。[①]

案例六

林某某（女）和陈某某（女）曾经有过矛盾。林某某一直怀恨在心，于是萌生报复的念头。2013 年 10 月 4 日 17 时，林某某拉上楼某某（女）、黄某某（女），到陈某某所在的中学找到陈某某欲施行报复。林某某当场叫陈某某把衣服脱光，陈某某因害怕而不敢反抗，将衣裤脱掉。在场的林某某、楼某某和另外两名女生遂对陈某某进行取笑，楼某某对陈某某的裸体进行了拍照，并将照片传给在场的其他人。事毕，陈某某立刻

① 参见江西省学校安全保卫工作学会编：《我的安全我知道：六年级适用》，华文出版社 2015 年版，第 49~50 页。

向公安机关报案。经公安机关鉴定部门鉴定，陈某某的伤势属于轻微伤。随后就本案提起了刑事诉讼。在本案一审的审理过程当中，法院认为，被告人林某某、楼某某聚众殴打侮辱陈某某，无视法律，已经触犯了侮辱妇女罪。但是，由于被告人都属于未成年人，符合《刑法》中关于未成年人犯罪减轻或从轻处罚的规定。[①]

上述几个性欺凌案例的基本特点是，用对方不喜欢的方式对待他人的身体和人格。通常是由于一方比另一方更强大，利用自身的身体优势，强迫性地以对方不喜欢的方式碰触对方的身体或在言语中侮辱对方。当一方在不愿意的情况下被对方强行触摸隐私部位时，就构成了性侵害。如果应对不当，性骚扰就可能发展成严重的性侵害。

① 参见张娟娟 :《校园暴力欺凌法治研究》，九州出版社 2018 年版，第 52~53 页。

第五单元 所有物欺凌——毁物强索不容忽视

一、所有物欺凌是什么

所有物欺凌包括破坏财物、敲诈金钱或财物、对他人的物品进行攻击等。其中，对他人的物品进行攻击，包括抢夺他人物品、故意毁坏或弄脏他人物品、故意抛弃他人物品、故意隐匿他人物品，以及逼迫他人毁坏自己的物品等。

所有物欺凌比较常见的表现是向受害者勒索财物，包括勒索金钱、物品等用不合法的手段将别人的财物占为己有的行为。《刑法》第 274

条规定：“敲诈勒索公私财物，数额较大或者多次敲诈勒索的，处三年以下有期徒刑、拘役或者管制，并处或者单处罚金；数额巨大或者有其他严重情节的，处三年以上十年以下有期徒刑，并处罚金；数额特别巨大或者有其他特别严重情节的，处十年以上有期徒刑，并处罚金。”所以，勒索可能构成犯罪。

案例

李某上小学四年级，在上学和放学路上，经常被几个高年级的学生欺负。李某很害怕这些人，眼看着自己喜欢的玩具、文具还有零花钱被抢走，也不敢告诉老师和爸爸妈妈。后来，还是隔壁班的同学把这件事告诉了家长，老师才知道了那些高年级学生的所作所为。学校对此进行了严肃处理，派出所民警对那些高年级学生进行了批评教育。李某终于不用再担惊受怕了。[①]经了解，这几名高年级学生平时就经常向同学强行索要学习用具及玩具等。他们的行为已经不再是简单的欺负同学的行为，甚至带有“违法犯罪”的色彩，如果成年人做了这样的事情，可能构成抢劫罪，会受到法律的惩处。

我国《预防未成年人犯罪法》规定，强行向他人索要财物是未成年人不得有的行为。什么是“强行”呢？强行是指在财物的主人不同意或不情愿的前提下，以暴力相威胁，或动用轻微暴力，或用其他手段要挟，迫使他人将财物交出来。这一现象在未成年学生中较普遍，有些高年级的学生在学校里以强凌弱，向低年级的学生索要财物；有些学生甚

---

① 参见王珂瑾主编：《法律伴我行——中小学法治教育系列读本（小学中高年级版）》，山东教育出版社 2017 年版，第 77 页。

至在班上“称王称霸”，要班里家庭条件较好的学生向他们“进贡”；有些学生几个人一伙，在上学放学的路上抢夺其他学生的钱物；有些学生还专门跑到别的学校去抢。强行向他人索要财物极容易导致犯罪，这种不良行为如得不到及时纠正，就有可能演变成拦路抢劫、敲诈勒索等犯罪行为。①

在校园内发生的所有物欺凌事件往往会经历三个阶段：第一阶段是小打小闹，“借”钱者向别人借钱，却不归还。在几次被催要还钱后，“借”钱者心里就会产生勒索的念头。但是，当“借”钱者以“借”的名义不还钱的时候，就进入了第二阶段，即从一开始底气不足的“借”到后来趾高气扬的“借。”这时候，当被“借”者不同意时，就会发展到第三阶段，即勒索，强行去“借”。若被“借”者不同意，就会出现暴力行为，最终以被“借”者屈服结束。②

产生所有物欺凌的原因有许多，主要集中在以下几个方面：一是拜

① 参见阎玉珍编著：《未成年学生预防犯罪谈》，中国矿业大学出版社 2000 年版，第 169~170 页。

② 参见林甲针、周光顶等：《让孩子远离校园欺凌》，福建教育出版社 2020 年版，第 125 页。

金享乐思想的影响；二是勒索者与被勒索者家庭生活条件差距太大；三是被勒索的学生往往是一些“后进生”，他们容易被老师忽视，当发生勒索事件时，又不敢声张。

法律链接

最高人民法院《关于审理未成年人刑事案件具体应用法律若干问题的解释》

第7条 已满十四周岁不满十六周岁的人使用轻微暴力或者威胁，强行索要其他未成年人随身携带的生活、学习用品或者钱财数量不大，且未造成被害人轻微伤以上或者不敢正常到校学习、生活等危害后果的，不认为是犯罪。

已满十六周岁不满十八周岁的人具有前款规定情形的，一般也不认为是犯罪。

第8条 已满十六周岁不满十八周岁的人出于以大欺小、以强凌弱或者寻求精神刺激，随意殴打其他未成年人、多次对其他未成年人强拿硬要或者任意损毁公私财物，扰乱学校及其他公共场所秩序，情节严重的，以寻衅滋事罪定罪处罚。

《治安管理处罚法》

第26条 有下列行为之一的，处五日以上十日以下拘留，可以并处五百元以下罚款；情节较重的，处十日以上十五日以下拘留，可以并处一千元以下罚款：

（一）结伙斗殴的；

（二）追逐、拦截他人的；

（三）强拿硬要或者任意损毁、占用公私财物的；

（四）其他寻衅滋事行为。

二、所有物欺凌案例分析

案例一

某校学生沈某（16 周岁）伙同林某（15 周岁）、江某某（14 周岁）等人至学校门口，先后拦住路过的徐某（13 周岁），称要借用手机，因徐某不从，三人遂对徐某拳打脚踢，共取得手机三部（价值 2000 元）及现金 200 元，未造成轻伤或其他危害后果。

案例二

小磊的妈妈无意中发现，自己 13 岁的儿子被高年级的同学勒索，父母给他吃早餐的钱和零用钱都被勒索去了。后来，在妈妈的追问下，小磊道出了实情，高年级的几个同学要他每天上缴 10 元钱，否则就要打他。[①]

案例三

雅杰是一名初一学生，上初中以来，班长云峰经常借检查作业、监督背书的机会向同学要钱，导致雅杰总是处于惊恐状态，精神状态大不如前。爸爸妈妈发现雅杰的零用钱越要越多，再三询问到底是怎么回事，雅杰只好交代了缘由。雅杰坦言，这个学期以来，班长经常向自己要钱，多则几十

① 参见滕红琴、赵惠敏主编：《青少年自我保护完全手册》，中国时代经济出版社 2006 年版，第 172 页。

元，少则十几元，还警告他不能将这件事告诉父母和老师。雅杰的父母听闻此事，立即向班主任和学校反映，学校对云峰进行了处理。①

案例四

某市公安局破获了一起初中生敲诈钱财案。徐某拜了比自己高两届的同学为“老大”。而高年级的“大哥”自从有了徐某这个“小弟”后，便长期向其索要财物。因为徐某自己没有钱，他便将手伸向了同班同学冯某某，在对冯某某几番拳打脚踢后，徐某从冯某某那儿勒索到了一些钱物，而这些钱财全部被高年级的“大哥”获得。徐某等人再次向冯某某索要财物时，被闻讯赶来的民警抓获。鉴于高年级“大哥”的行为严重影响了学校的正常秩序，公安机关对他们分别做出了治安罚款200元和治安拘留10日的处罚。徐某因不满14周岁免于治安处罚，由学校给予纪律处分，责令家长严加管教并赔偿受害人的损失。②

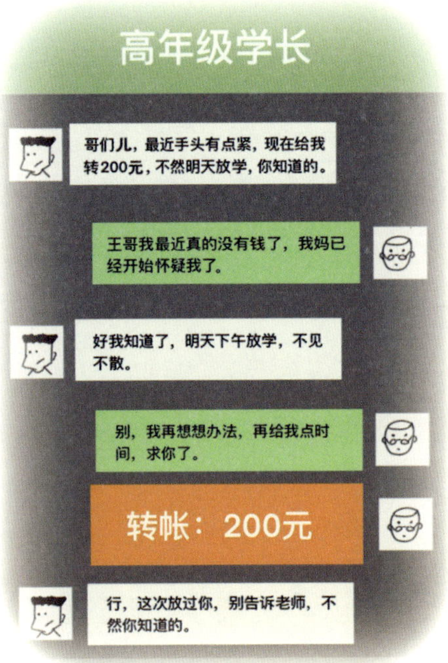

① 参见苗雨编著：《青少年安全自护手册》，中国妇女出版社2016年版，第58页。

② 参见金浩主编：《麦芒的金钟罩：中学生校园安全知识读本》，上海大学出版社2013年版，第63页。

案例五

17 岁的学生许某以“大哥”自居，多次伙同他人到 A 中学以不交“保护费”就要被撕作业本、书本等方法对该校学生进行威胁，强行索要财物，金额累计近千元。被法院以敲诈勒索罪判处有期徒刑 9 个月，缓刑 1 年。①

案例六

小伟是某小学五年级的学生。一天上午，小伟刚到学校放好自行车，几名学生从车棚角落里走过去，向他要钱。小伟说身上没带钱，其中一名学生听后伸手打了小伟一巴掌，其他人也开始打小伟，要小伟在下午放学前把钱交出来。惊恐的小伟中午回家从平时存的压岁钱中拿了 200 元钱交给了那几个学生。后来，那几个学生多次找小伟要钱，并警告他不许告诉老师和家长，不然就“弄死他”。压岁钱被“勒索”完，小伟开始偷拿家里的钱，被家长发现后才说出真相。但此时的小伟已经出现心理问题，害怕去学校，成绩直线下降，晚上经常做噩梦，精神状态也变得很差。②

案例七

来到网吧的范某等 4 名初中生经预谋，对正在上网的同学林某进行殴打、威胁、恐吓，迫使林某按其要求转出价值 100

① 参见福建省泉州市人民检察院、福建省泉州市鲤城区人民检察院编：《远离校园暴力》，中国检察出版社 2017 年版，第 22 页。

② 参见张洪占、李庆珍、邓绍天编著：《校园安全法律手册》，中国政法大学出版社 2012 年版，第 144 页。

元的Q币100个，以及大量的游戏币、游戏装备。范某等4人将这些网络虚拟财产予以平分。随后，范某又单独将林某强行拉至网吧外，从其身上搜出并抢走200元。Q币、游戏币和游戏装备属于网络虚拟财产，虚拟财产完全具备财产的一般属性，因此，青少年勒索、强占游戏虚拟财物与勒索金钱实物一样，均属于所有物欺凌的范畴，必须坚决禁止。[①]

案例八

一天，16岁的微微正在操场上散步，同学刘某走来让微微借点钱给他。微微并不想借给他，但看到刘某黑着脸，她又不敢拒绝，只好掏出了口袋里的钱。刘某没等微微反应过来，就把她手里的100多元钱一把都抓了过去。还威胁微微说："以后再找你借钱爽快点，不准告诉老师、家长，我认识很多社会上的人，敢跟我玩心眼儿，揍死你！"微微很害怕，也不敢把这件事告诉父母和老师。之后，刘某又陆续向微微要了几次钱。最后一次，刘某逼微微给他200元，微微不给，刘某就把微微带到了一个偏僻的地方，踢了微微几脚，并要求微微第二天一定要把钱带来。这一次，微微把事情告诉了爸爸，微微爸爸马上到公安机关报案，并配合警方将刘某抓获。[②]

以上案例都是所有物欺凌，以非法占有为目的，对被害人使用威胁或要挟的方法，强行索要公私财物，恶意或蓄意损坏他人物品，比如，故意损坏、偷盗别人的私人物品，弄脏弄坏同学的书包、文具、试

① 参见武亚莉主编：《以案说法——青少年必备法律知识读本》，郑州黄河水利出版社2014年版，第95页。

② 参见韦静：《女孩，你的安全比什么都重要》，北京时代华文书局2017年版，第141页。

卷等。校园敲诈勒索案件是近年来多发的违法事件，严重危害学生的生命、财产安全与身心健康，对学校安全与教学秩序的破坏性也很大，会影响学校稳定，败坏学校风气。校园敲诈勒索案件产生的原因是多方面的，既有家庭、社会原因，也有学校原因。校园敲诈勒索往往伴随校园欺凌行为，青少年要明白，无论是敲诈勒索，还是校园欺凌，都是违法行为。[①] 事实上，勒索已呈现低龄化的趋势，甚至从幼儿园大班开始，就有小朋友要求与别的小朋友交换玩具，或者威胁别人送自己东西等情形。长期被勒索的孩子，其内心会感到焦虑不安，没有自信，性格孤僻，有心理医师指出，即便欺凌事件结束，被欺凌者的心理伤害也将会影响到其成年期。[②]

---

① 参见江西省学校安全保卫工作学会编：《我的安全我知道：七年级（上册）》，华文出版社 2017 年版，第 47~48 页。

② 参见王怡仁：《好故事胜过大道理——好孩子是用故事教出来的》，古吴轩出版社 2011 年版，第 194 页。

第六单元　关系欺凌——受孤立被排挤让我很受伤

一、关系欺凌是什么

关系欺凌，是指通过拉帮结派，拉拢与自己一样的一类人，对受害者加以人际冷落、排挤和讽刺嘲笑等对其身心造成伤害的行为。这一类欺凌往往伴随言语欺凌，将受害者排除在自己所在的群体之外，造成“你是另类”的现象，并且切断受害者的社会关系，造成其孤立无援的局面。当受害者想向周围寻求帮助时，会出现没有人敢帮他的局面，因为若帮助了受害者，帮助受害者的一方也会变成受害者，形成恶性循环。关系欺凌属于所有欺凌的起始阶段。

关系欺凌一般通过排挤、传播谣言、离间他人来影响，甚至“操弄”人际关系，使受欺凌者在人际关系和社会交往中受到孤立。通常来说，这种类型的欺凌与身体暴力攻击的欺凌方式相比更为隐蔽，不容易被发现，且经常和言语欺凌相伴，对人产生的影响更深远。成年后无法有效建立积极的同伴关系可能与其曾受到关系欺凌密切相关。因为关系欺凌的目的是伤害社会关系，上述关系欺凌行为从青春期到成年早期都比较常见，在建立的同伴网络和亲密友谊中可能最有效。[①] 女生对孤立排挤的感受比男生更强烈，因此女生更容易受到孤立排挤的欺凌。据一名

① 参见丁辉：《校园关系欺凌行为心理机制及预防研究》，载《学校党建与思想教育》2021 年第 8 期。

受欺凌的学生回忆：“我们班上有个人缘特别好的女生，有种‘大姐大’的意思，有一次她指着我问我是不是有毛病，说我有自闭症，然后其他同学就起哄，嘲笑我，可能是找到了乐子吧。她们故意地孤立我，体育课的时候打球不跟我组队，交作业的时候不收我的作业，要我自己交给课代表，如果有别的同学看我可怜或者是同情我来跟我说话，她们就骂那个同学……”①

关系欺凌在青少年之间是最容易出现的，也是对青少年影响最大的。因为在学生时代，班集体这个概念很突出，孩子们对同伴会非常依赖，他们害怕自己孤单一个人。那些看上去与大家不一样的孩子，往往会明显受到排挤，这是形式最简单的社交孤立。

关系欺凌陷阱的起源往往有以下几点：(1)被孤立者由于在外貌、身材、语言表达能力等方面有明显的缺陷而觉得自己不如其他人，并因此被他人嘲笑、排斥或羞辱。(2)被孤立者的家庭与邻居和身边其他人有明显差异。(3)被孤立者觉得自己和其他孩子不同，即使是在家里，也觉得自己和兄弟姐妹不同。(4)被孤立者在童年时是被动的，从未真正找到自己的兴趣爱好所在，与其他人聊天时，也觉得没什么好说的，表现得比较不合群。②

① 参见刘悦：《初中生关系欺凌成因及对策研究——以C市三所中学为样本》，东北师范大学2021年硕士学位论文，第30页。

② 参见张零琳：《如何摆脱社交孤立，变得受欢迎？》，载百家号2020年5月9日，https://baijiahao.baidu.com/s?id=1666204999908113427&wfr=spider&for=pc。

在学校生活中经常有这种情况，一群同学聚在一起，然后说“我们大家以后都不要跟某某一起”，这种孤立对方的行为其实就是关系欺凌。

二、关系欺凌案例分析

关系欺凌中，加害人对受害人并不进行面对面的攻击，而是通过联合其他同学，有组织地排斥或孤立受害人来实施欺凌。这种欺凌方式较为复杂，常常是通过群体行动的方式来达到欺凌的目的。这种欺凌方式使被欺凌的学生感到身边没有朋友、孤立无援，在电视剧《流星花园》里，F4 是学校的“霸王”，如果 F4 确定某一个人为他们将要打击的对象，会通过其在学校的地位，让学校所有的学生都远离这个人，不能给这个人提供任何的帮助，否则提供帮助的学生也会同样遭受打击。F4 的这种行为方式就是通过自己在学校中的地位，操纵学校里所有的同学，有组织地排挤和孤立受害人。[①]

① 参见佟丽华主编：《反校园欺凌手册（学生读本）》，北京少年儿童出版社 2017 年版，第 6 页。

案例一

《中国新闻周刊》在一项有关校园欺凌的调查中采访了一名女生，该生表示：小学时，班里有一位女生，同学们都认为她很“假”。因此，班上女生结成一派将其孤立，比如故意不带该女生玩。①

案例二

蔡某来到一个新的班级，发现英语课代表的发音极不标准。他向英语课代表提出后，英语课代表开始排挤蔡某，并在私下与其他同学说蔡某的坏话，还叫大家不要和蔡某一起玩。久而久之，蔡某觉得自己始终无法融入新班集体，感觉很孤独，也很郁闷。②

案例三

每次只要小莉考试成绩比阿畅好，阿畅就会跟其他同学说是小莉作弊的缘故，大家都相信了。小莉觉得自己被阿畅陷害了，却没有人相信她，甚至班上的同学因此开始排挤她。

案例四

小雅认为小梅抢走了她的好朋友，因此非常讨厌小梅，还

---

① 参见佟丽华主编：《反校园欺凌手册（学生读本）》，北京少年儿童出版社2017年版，第7页。

② 参见江华波等：《校园霸凌的预防与应对》，暨南大学出版社2018年版，第10页。

让大家不要理小梅，如果有同学私下跟小梅一起玩，就会被小雅警告，久而久之，小梅一个朋友都没有了。

案例五

小丽因为父母工作变动，转学到外地的一所学校。在这里，她偶遇原来学校的一个男生，两人因为曾是校友，关系就格外亲近一些。新学校的另一个女生小贝看到这种情况，特别不高兴。因为嫉妒小丽，小贝就和班里的同学讲小丽的坏话，编造了许多谣言中伤小丽，以至于小丽在这所新学校里遭到了大家的排挤和孤立。长期下来，小丽的情绪变得相当糟糕，内向的小丽因为不愿意向他人倾诉自己的苦恼，又苦于无法改变自己的现状，开始不愿意去上学，并最终患上了抑郁症。[①]

① 参见张仁贤总主编，李纯青、解孟林主编：《校园欺凌的应对与预防》，世界知识出版社2017年版，第38页。

这几个案例中的青少年很明显遭遇的就是关系欺凌。在关系欺凌案例中，青少年可能会被嘲笑和辱骂、被排斥、被孤立或成为替罪羊、被欺凌或捉弄。且这些令人痛苦的行为通常会交错发生，在小团体当中，嘲笑总是伴随排斥，被孤立的孩子很有可能会受到欺凌。这种欺凌往往给被欺凌者带来焦虑和抑郁。负面的感觉如影随形，被欺凌者时刻处于一种紧张的情绪中，过度的焦虑使他们无法专心地做任何一件事，有时甚至会自言自语，干扰了其学习和生活，使其偏离了正常的生活轨道。与正常的青少年相比，校园欺凌受害者的抑郁水平明显偏高，这并不难解释，从易成为被欺凌对象的人群类型上看，那些长期自我封闭的孩子在被欺凌前可能就存在一定的抑郁倾向，一旦遭受欺凌，这种抑郁倾向就更加明显。他们对生活失去了基本的信心，将自我封闭起来，这种情绪如果得不到及时疏导，一直持续下去，被欺凌者有可能因此而患上抑郁症。

关系欺凌是最常见也最容易被忽视的，通常是通过说服同伴排挤某人，使弱势者被排斥在团体之外，或借此切断他们的社会联结，让他们觉得被排挤。这一类型的欺凌往往牵涉言语的欺凌，常会伴随散播不实的谣言，或是排挤、离间小团体的成员等行为。值得一提的是，此类欺凌带来的人际疏离感经常让受害者觉得无助、沮丧。

第七单元　网络欺凌——虚拟世界带来真实伤害

一、网络欺凌是什么

网络欺凌是一种在网络生活中发生的欺凌事件，是网络时代的新事物。百度百科把网络欺凌解释为人们利用互联网做出针对个人或群体的，恶意、重复、敌意的伤害行为，以使其他人受到伤害。美国《梅根·梅尔网络欺凌预防法》（Megan Mel Bullying Prevention Law）将“网络欺凌”界定为“任何人在跨州或跨国交往中，出于强迫、恐吓、骚扰他人或对他人造成实质情绪困扰的目的而使用电子手段传播的严重、重复的恶意行为”。这里要强调的是，网络欺凌是恶意的、敌意的言行，与跟普通的同学之间开玩笑、搞恶作剧是有区别的。①

网络欺凌的欺凌者往往借助虚拟的网络发表具有攻击性、煽动性、侮辱性的言论或图像，对被欺凌者进行“讨伐或攻击，恶意诋毁”。网络欺凌中最常见的六种形式有：恐吓、谩骂、人肉、散布谣言、发送木马、现实追捕。

上述网络欺凌最常见的形式，你和你所认识的人可能都经历过其中的一些，比如，发布刻薄或伤人的在线评论；发布让人尴尬的、无礼的

① 参见姚建龙等：《防治校园欺凌：学理与实证》，中国政法大学出版社2020年版，第89页。

或者令人痛苦的在线图片或视频；创建侮辱某人或者使某人感到难堪的网页；通过电子邮件、短信、即时通信、社交媒体或者其他电子通信形式传播谣言；在网络上或者通过短信威胁某人；在网上冒充另一个人，并且做出使这个人感到尴尬或痛苦的行为；用在线游戏设备威胁、谩骂某人。①

网络欺凌超越时空的局限，网上的言论传播无边无界，严重影响了被欺凌者的精神状态，更破坏了被欺凌者的生活和学习，甚至造成被欺凌者自残、自杀等严重的后果。② 一名网络欺凌受害人表示："过去 8 个月里，我一直在遭受网络欺凌。一个被我视作朋友的人开始谈论我的事情。然后，情况一点点地恶化。当我上网时，会看到她和她的朋友发帖谈论关于我的事情。这时，我会失声痛哭。到了夏天，情况开始好起来了，因为我们不再去学校了。就在我认为这件事已经过去的时候，它再次出现了。我有时感到非常孤独。我觉得没有人理解我。每当她和她的朋友在网上发帖时，我都不会为自己辩解。我觉得如果我试图为自己辩解，

① 参见［美］贾斯汀·W. 帕钦、［美］萨米尔·辛社佳：《语言暴力大揭秘：跟网络欺凌说"不"》，刘清山译，黑龙江教育出版社 2017 年版，第 4 页。

② 参见江华波等：《校园霸凌的预防与应对》，暨南大学出版社 2018 年版，第 10 页。

她们就会歪曲我的文字，并且利用这些文字攻击我。我并不知道自己现在应该做什么。”①

二、网络欺凌案例分析

案例一

2005 年 6 月 29 日，美国佛罗里达州开普科勒尔市的一个 15 岁男孩，在经受同班同学长达两年的反复线上欺辱之后上吊自杀。那些同学称他为“花式跟踪狂”，用各种性词汇贬损他，还说“他应该去死”。在那个男孩自杀前的晚上，他给一个网络游戏中的加拿大朋友发邮件说：“这对我来说太不公平了，我甚至都没法继续上学，也无法拥有正常的生活”“我永远都不可能完成这个年级的学习了。”②

案例二

2007 年 11 月，美国的一名 13 岁女孩，因为她在网络空间认识的男朋友对她冷嘲热讽，甚至发出“世界没你会更美好”之类的侮辱信息，最终精神崩溃，上吊自杀。其实，她的“男朋友”是她的一个邻居以虚假身份在网上扮演的，假装喜欢她，引她上钩，又故意侮辱她，让她痛苦。

---

① ［美］贾斯汀·W. 帕钦、［美］萨米尔·辛社佳：《语言暴力大揭秘：跟网络欺凌说“不”》，刘清山译，黑龙江教育出版社 2017 年版，第 16 页。

② ［美］芭芭拉·科卢梭：《如何应对校园欺凌》，肖飒译，华东师范大学出版社 2017 年版，第 42 页。

案例三

2008年，美国一名13岁的男孩在自己家中自杀，而自杀的原因是他装扮成了自己偶像的形象，结果遭到网络上其他人的侮辱嘲讽，将他之前的隐私曝光，最终男孩因无法承受巨大的精神痛苦而选择自杀。①

案例四

一名初二男生，只因不满同桌女生在课桌上“越线”，竟冒用女生姓名及其家中电话，在网上散布该女生从事援助交际行为的消息。女生家中接到大量询问电话，令女生及其家长困扰不已。

案例五

一名女生被其他女同学群殴并拍摄裸照，其后施暴者又将裸照通过各种社交媒体上传，给受害女生带来了巨大的身心伤害。受害女生愤然提起诉讼，最终，施暴者对受害女生进行道歉，并由家长批评教育。

从上述案例中我们可以看到，青少年身处信息爆炸的环境，能以快速、多元且便利的渠道交友、聊天、玩游戏。与此同时，在网络的世界里，由于信息的隐匿性高、传播范围广，青少年也很容易成为网络世界的欺凌者。网络欺凌行为包括使用网络散布谣言、留下辱骂或嘲笑的字眼等。欺凌的几种因素——力量的不对等、进一步侵害的威胁、制造

① 参见张娟娟：《校园暴力欺凌法治研究》，九州出版社2018年版，第23页。

恐惧——由于电子科技的介入而被无限放大。既不用露脸又不用署名的电子传输方式，为欺凌者在任何时间、任何地点都可以折磨被欺凌者提供了方便。由于是匿名的，欺凌者几乎不用担心任何的不利后果；即使有，其后果也是微乎其微。

网络欺凌可与其他类型的欺凌联合被使用，或者作为其他欺凌的起始，给被欺凌的青少年带来了巨大的恐惧和痛苦。

下篇

校园欺凌的预防及应对

第一单元 校园欺凌的预防及应对：加害人角度

预防和应对校园欺凌，我们必须时刻提醒自己，欺凌他人不但一点儿都不酷，而且欺凌者也会面临严重的后果。欺凌者可能被停学、开除，甚至可能要承担法律责任。我们每个人都要不断提高自身的法律意识，学习法律知识，警钟长鸣，尤其是做好事前自我警醒和预防。

一、事前自我警醒，学法与修心并进

（一）公民的刑事责任能力

未成年人，是指未满 18 周岁的人，未成年人在社会中属于弱势群体，因此国家和社会对未成年人给予了特别的保护，如设立监护、制定《未成年人保护法》等。这就使一些青少年产生了一种错误认识：好像不满 18 岁便不用承担任何责任，甚至认为“年轻人犯错误上帝都会原谅”。果真如此吗？让我们看一下我国现行法律的规定吧！

我国法律针对未成年人违法犯罪的责任问题，主要以刑事责任能力作为依据。刑事责任能力，是指行为人构成犯罪和承担刑事责任所必须具备的刑法意义上辨认和控制自己行为的能力。不具备刑事责任能力者，即使实施了客观上危害社会的行为，也不能成为犯罪主体，不能被追究刑事责任；刑事责任能力减弱者，其刑事责任相应地适当减轻。其中，辨认能力，是指一个人对自己行为的性质、意义和后果的认识能力。控制能力，是指一个人按照自己的意志支配自己行为的能力。人的控制能力是以其辨认能力为前提的。如果一个人对自己行为的性质、意义和后果缺乏必要的认识能力，那么该行为人的控制能力也就无所依存。对于一般公民来说，只有达到一定的年龄，生理和智力发育正常，才具有相应的辨认和控制自己行为的能力，从而具有刑事责任能力。这是因为年幼的人不具备辨认自己行为的性质和法律后果的能力，人只有达到一定年龄，具有辨别是非善恶和自觉支配自己行为的能力时，才能对自己的犯罪行为承担刑事责任。[①]

① 参见史毅军编著：《青少年自我保护能力的培养》，现代出版社 2011 年版，第 24~25 页。

法律链接

《刑法》

第 17 条 【刑事责任年龄】已满十六周岁的人犯罪，应当负刑事责任。

已满十四周岁不满十六周岁的人，犯故意杀人、故意伤害致人重伤或者死亡、强奸、抢劫、贩卖毒品、放火、爆炸、投放危险物质罪的，应当负刑事责任。

已满十二周岁不满十四周岁的人，犯故意杀人、故意伤害罪，致人死亡或者以特别残忍手段致人重伤造成严重残疾，情节恶劣，经最高人民检察院核准追诉的，应当负刑事责任。

对依照前三款规定追究刑事责任的不满十八周岁的人，应当从轻或者减轻处罚。

因不满十六周岁不予刑事处罚的，责令其父母或者其他监护人加以管教；在必要的时候，依法进行专门矫治教育。

（二）认识欺凌行为的法律后果，“法不责少”不是挡箭牌

青少年必须树立法律意识，充分认识到欺凌行为的法律后果，如果你欺凌或伤害了他人，那么你将面临来自学校、政府部门、法律的惩处。

在我国，校园欺凌加害人一般要受到以下处理：（1）行为轻微的，由学校德育处、班主任教师进行训诫和必要的教育惩罚，公安部门责令家长严加管教，进行矫正教育和家庭辅导。（2）经常欺凌他人并带有其他严重不良行为的，必要时由少年法庭作出裁决，可以通过收容感化措施进行教育，对其进行不良行为的矫正。（3）已触碰刑法，需负刑事责任的，可推进行刑的社会化。特别是对犯罪性质和情节恶劣、手段残忍、

后果严重的，坚决依法惩处。

因此，青少年一定要知晓以下几条与校园欺凌、校园暴力密切相关的法律法规，加强自我警醒，以法律知识、法律意识进行自我预防。感情用事可能会让人犯下很多错误。人在冲动的时候容易失去理智，处于癫狂的状态对人没有任何益处。青少年应该学会保持冷静，不要冲动，让理性时刻成为你的主宰。人往往是当局者迷，旁观者清，让你的理智冷眼旁观，当感觉到情绪冲动的时候，就应该立刻提醒自己撤退，否则就会处于情绪的爆发中，带给你的可能是法律的惩罚。

校园暴力欺凌行为不仅对受害人的身体和心理会造成一定伤害，而且是违反国家法律规定的违法行为，甚至可能是犯罪行为，需要承担一定的法律责任。

法律链接

《刑法》

第 232 条 【故意杀人罪】故意杀人的，处死刑、无期徒刑或者十年以上有期徒刑；情节较轻的，处三年以上十年以下有期徒刑。

第233条 【过失致人死亡罪】过失致人死亡的，处三年以上七年以下有期徒刑；情节较轻的，处三年以下有期徒刑。本法另有规定的，依照规定。

第234条 【故意伤害罪】故意伤害他人身体的，处三年以下有期徒刑、拘役或者管制。

犯前款罪，致人重伤的，处三年以上十年以下有期徒刑；致人死亡或者以特别残忍手段致人重伤造成严重残疾的，处十年以上有期徒刑、无期徒刑或者死刑。本法另有规定的，依照规定。

第238条 【非法拘禁罪】非法拘禁他人或者以其他方法非法剥夺他人人身自由的，处三年以下有期徒刑、拘役、管制或者剥夺政治权利。具有殴打、侮辱情节的，从重处罚。

犯前款罪，致人重伤的，处三年以上十年以下有期徒刑；致人死亡的，处十年以上有期徒刑。使用暴力致人伤残、死亡的，依照本法第二百三十四条、第二百三十二条的规定定罪处罚。

为索取债务非法扣押、拘禁他人的，依照前两款的规定处罚。

国家机关工作人员利用职权犯前三款罪的，依照前三款的规定从重处罚。

“尊重未成年人的人格尊严”是国家对未成年人的法律规定，是对未成年人的积极保护。“国家机关、武装力量、政党、人民团体、企业事业单位、社会组织、城乡基层群众性自治组织、未成年人的监护人以及其他成年人”等机构和组织在保护未成年人方面应该肩负起责任和义务。校园暴力欺凌作为一种严重危害学生身体及心理健康、侵犯个人合法权益的行为，必须得到有效的制裁，才能够使未成年人得到良好的保护，帮助其健康成长。

法律链接

《未成年人保护法》

第 3 条第 1 款 国家保障未成年人的生存权、发展权、受保护权、参与权等权利。

第 39 条 学校应当建立学生欺凌防控工作制度，对教职员工、学生等开展防治学生欺凌的教育和培训。

学校对学生欺凌行为应当立即制止，通知实施欺凌和被欺凌未成年学生的父母或者其他监护人参与欺凌行为的认定和处理；对相关未成年学生及时给予心理辅导、教育和引导；对相关未成年学生的父母或者其他监护人给予必要的家庭教育指导。

对实施欺凌的未成年学生，学校应当根据欺凌行为的性质和程度，依法加强管教。对严重的欺凌行为，学校不得隐瞒，应当及时向公安机关、教育行政部门报告，并配合相关部门依法处理。

第 40 条 学校、幼儿园应当建立预防性侵害、性骚扰未成年人工作制度。对性侵害、性骚扰未成年人等违法犯罪行为，学校、幼儿园不得隐瞒，应当及时向公安机关、教育行政部门报告，并配合相关部门依法处理。

学校、幼儿园应当对未成年人开展适合其年龄的性教育，提高未成年人防范性侵害、性骚扰的自我保护意识和能力。对遭受性侵害、性骚扰的未成年人，学校、幼儿园应当及时采取相关的保护措施。

公然侮辱、辱骂人是犯法的。包括用语言（包括书面和口头）或行动，公然损害他人人格、毁坏他人名誉的行为，如用大字报、小字报、漫画或极其下流、肮脏的语言等形式辱骂、嘲讽他人，使他人的心灵蒙受耻辱；或者捏造并散布某些虚假的事实，破坏他人名誉的行为，如毫无根据或捕风捉影地捏造他人作风不好，并四处张扬、损坏他人名誉，使他人精神承受极大痛苦。

在我们的社会中，人与人之间应当互相尊重、合作、友善。这是每个公民应有的道德品质和必须遵守的共同生活准则。但是，社会上也存在一些不良行为，尤其在部分青少年中表现突出。有的青少年火气旺，修养差，遇事不讲道理，开口便骂，动手便打。他们不懂得礼节，不懂得道理，更不懂得法律，粗野蛮横，任意辱骂、侮辱他人。贬低他人人格、破坏他人名誉、侵犯他人人身权利的行为是我国道德和法律所不容许的，轻者应当受到社会舆论的谴责，严重的根据情节的轻重应当受到法律的制裁。

法律链接

《民法典》

第 109 条 自然人的人身自由、人格尊严受法律保护。

第 110 条第 1 款 自然人享有生命权、身体权、健康权、姓名权、肖像权、名誉权、荣誉权、隐私权、婚姻自主权等权利。

第 990 条第 1 款 人格权是民事主体享有的生命权、身体权、健康权、姓名权、名称权、肖像权、名誉权、荣誉权、隐私权等权利。

第 995 条 人格权受到侵害的，受害人有权依照本法和其他法律的规定请求行为人承担民事责任。受害人的停止侵害、排除妨碍、消除危险、消除影响、恢复名誉、赔礼道歉请求权，不适用诉讼时效的规定。

第 1010 条第 1 款 违背他人意愿，以言语、文字、图像、肢体行为等方式对他人实施性骚扰的，受害人有权依法请求行为人承担民事责任。

第 1011 条 以非法拘禁等方式剥夺、限制他人的行动自由，或者非法搜查他人身体的，受害人有权依法请求行为人承担民事责任。

第 1024 条第 1 款 民事主体享有名誉权。任何组织或者个人不得以侮辱、诽谤等方式侵害他人的名誉权。

青少年如果涉嫌殴打他人，或者故意伤害他人身体，要处以拘留或是罚款。结伙殴打、伤害他人，或殴打、伤害不满 14 周岁的人的，或多次殴打伤害他人、一次殴打伤害多人次的，都属于治安管理处罚中加重处罚的情形。也就是说，校园暴力凌辱中常见的殴打伤害他人的行为，根据法律的规定要处以罚款或拘留并处罚款，而拘留的天数和罚款的数额要根据行为的恶性程度来定。

以写恐吓信的方式威胁他人、通过捏造事实诬告陷害他人，以及通过发送淫秽侮辱信息恐吓他人，或是偷窥、偷拍、窃听、散布他人隐私等行为都要被处以罚款；情节较重的，可以拘留并处罚款。

法律链接

《治安管理处罚法》

第 40 条 有下列行为之一的，处十日以上十五日以下拘留，并处五百元以上一千元以下罚款；情节较轻的，处五日以上十日以下拘留，并处二百元以上五百元以下罚款：

（一）组织、胁迫、诱骗不满十六周岁的人或者残疾人进行恐怖、残忍表演的；

（二）以暴力、威胁或者其他手段强迫他人劳动的；

（三）非法限制他人人身自由、非法侵入他人住宅或者非法搜查他人身体的。

第 42 条 有下列行为之一的，处五日以下拘留或者五百元以下罚款；情节较重的，处五日以上十日以下拘留，可以并处五百元以下罚款：

（一）写恐吓信或者以其他方法威胁他人人身安全的；

（二）公然侮辱他人或者捏造事实诽谤他人的；

（三）捏造事实诬告陷害他人，企图使他人受到刑事追究或者受到治安管理处罚的；

（四）对证人及其近亲属进行威胁、侮辱、殴打或者打击报复的；

（五）多次发送淫秽、侮辱、恐吓或者其他信息，干扰他人正常生活的；

（六）偷窥、偷拍、窃听、散布他人隐私的。

第 43 条 殴打他人的，或者故意伤害他人身体的，处五日以上十日以下拘留，并处二百元以上五百元以下罚款；情节较轻的，处五日以下拘留或者五百元以下罚款。

有下列情形之一的，处十日以上十五日以下拘留，并处五百元以上一千元以下罚款：

（一）结伙殴打、伤害他人的；

（二）殴打、伤害残疾人、孕妇、不满十四周岁的人或者六十周岁以上的人的；

（三）多次殴打、伤害他人或者一次殴打、伤害多人的。

第 44 条 猥亵他人的，或者在公共场所故意裸露身体，情节恶劣的，处五日以上十日以下拘留；猥亵智力残疾人、精神病人、不满十四周岁的人或者有其他严重情节的，处十日以上十五日以下拘留。

案例

2012 年 4 月 27 日 21 时许，某中学八年级二班的学生李某和代某因为琐事而发生争执。代某怀恨在心，遂集结李某某、冯某、陈某和马某等人持木棍等工具找到李某的宿舍进行报复。恰逢李某和舍友张某、吕某都在宿舍。代某等人对他们一并进行了殴打。李某和张某最终被打伤。经当地公安局鉴定机构鉴定，李某的伤势较严重，已构成重伤；张某的伤势被认定为轻伤。随后，在刑事诉讼中，原告一方提出了刑事附带民事诉讼的赔偿诉求。法院在审理之后认为，被告人代某、李某某、冯某、陈某、马某的行为符合故意伤害罪的构成要件，已构成故意伤害罪。但是，由于五名被告都是未成年人，根据《刑法》关于未成年人犯罪的规定，应当从轻或减轻处罚。同时，几位被告人已经积极地赔偿受害者，并且获得了受害者的谅解。最终，法院认定五名被告构成故意伤害罪，判处有期徒刑，缓刑执行。

本案涉及《刑法》第234条第1款的规定，故意伤害他人身体的，就构成故意伤害罪，应判处3年以下有期徒刑、拘役或者是管制。但是，被告一方具备减轻处罚的理由：一是被告一方系未成年人；二是被告一方有悔罪表现；三是被告一方积极地赔偿受害者，并已获得原谅。因此，法院最终减轻处罚，五名被告被判处有期徒刑，缓刑执行。

本案例留给我们的思考是，本案当中的犯罪人的年龄在15岁左右。在这个年龄阶段，也就是我们所说的青春期，青少年体内的荷尔蒙水平激增，外在表现为行为叛逆、情绪化。因此，在青春期的叛逆阶段，学校、家庭要及时介入，针对青少年进行法治教育是非常必要的，是防范校园暴力和校园欺凌事件的有效措施。①

① 参见张娟娟：《校园暴力欺凌法治研究》，九州出版社2018年版，第50~51页。

（三）纠正心理偏差，健全人格修养

校园欺凌的加害人往往在心理方面存在偏差，人格较不健全。欺凌者通常具有较高的精神质倾向，自我中心，感情冷漠，情绪冲动，缺乏同情心，对外界刺激反应强烈；欺凌受害者则通常有较低的精神质倾向，具有较低自尊，容易焦虑与抑郁，表现出较强的自卑感。针对精神技能较差的青少年，可从其人际互动、社会智能方面进行辅导与改善，以减少被他人欺凌的概率。

此外，欺凌者一般心理与性格较为偏激，表现为认识上的片面、情绪上的冲动以及行为上的莽撞。具有偏激心理的青少年对待问题总是固执己见，爱钻牛角尖，整天怨天尤人，按照自己的好恶评判任何事情，什么错误都推给别人，无理也要争三分，易受他人的暗示和引诱，常常是不分是非，不顾后果，因此朋友特别少。人格异常的青少年会对周围的人抱有敌意和戒备心理，因与学校或家庭的成员闹矛盾而突然出走。此外，学生感到学习负担过重，厌学情绪就会产生，某种逆反心理也会形成，有些学生便以逃学或出走的形式表现出来。

欺凌者尤其容易因遭受挫折而引发强烈不满，表现出仇视、对抗态度，产生消极心理。有敌对倾向的青少年软硬不吃，好坏不分，常对他人抱有不友好的态度，甚至把别人对他的赞扬也看成冷嘲热讽；把老师、同学对他的善意批评看作恶意的挖苦，轻则置若罔闻，重则做出报复、破坏的举动；经常在班级搞一些恶作剧，有的甚至以对他人的戏弄或殴打为乐；在家里则经常顶撞父母，不愿听父母的话，也有些青少年会以暴力解决问题，对父母进行打骂。[①]

与一般认知不同的是，欺凌者不是没有良好的社会认知与心智技巧，他们拥有比欺凌受害者更高的社会智能，能熟练运用言语或肢体攻

① 参见耿武岭编著：《沟通无限——扫描青少年的人际交往心理》，中国商业出版社 2009 年版，第 163 页。

击等心智手段去操纵受害人，以微妙无痕的破坏方式达到欺凌受害者的目的，且不被贴上欺凌受害人的标签。

（四）培养自身同理心、同情心和仁慈之心

即使我们不喜欢某个人，也可以选择善良以待。

——［英］塞缪尔·约翰逊

在人与人相处的过程中，虽然我们不需要去"喜欢"每个人，但是我们必须尊重每个人的人格和尊严，要保有同情和仁慈之心。仁慈之心，是指对他人的悲伤、痛苦或不幸惺惺相惜，同时有强烈的渴望去减轻它们。这种渴望不仅仅停留在情绪或思想的层面上，这是一种切实的了解和感受，一种自己不得不为消除他人的痛苦而伸出援手的意愿。①

明智的做法是设身处地为被欺凌的人着想。如果你是他会有什么感觉呢？记住，己所不欲，勿施于人。如果你真的想停止欺凌，就和一个你信任的成年人谈谈。不要担心会惹麻烦，你这样做才是正确的。

生活中，当我们说某些人有仁爱之心的时候，其实就是指他们总能够站在别人的立场思考问题，看待别人的时候能够很容易地推己及人、推人及己。其实，当我们真正做到站在他人立场上考虑问题的时候，也就产生了理解。

对青少年来说，产生同理——与另一个人的感觉产生共鸣——是他们对于我们彼此都是大自然的同一种生物的最初认识。同情是对于他人的危难和不幸做出悲伤或担心的情感反应，同理是通过共同的感受而产生"我们"的感觉。同情则通过我们双方各自独特的感受促进我们建立

① 参见［美］芭芭拉·科卢梭：《如何应对校园欺凌》，肖飒译，华东师范大学出版社 2017 年版，第 25 页。

“我和你”，以及连接我们的意识。

在和他人产生共情的过程中，你体会到了他人各种复杂的感受，能够设身处地为他人着想。同理心即我们用自己的经验去体会别人的感受，理解别人对生活中特定事件的反应。对别人产生同理心，是基于我们彼此之间有相似性。同理心是富有创造性的过程，因为它需要想象力，将我们投射到别人的内心世界当中。哪怕我们可能并没有经历过和别人完全一样的事情，如果我们能够尽量地去体会，我们也能够通过同理心来理解别人。①

青少年要学会换位思考，多站在他人的角度上考虑问题。如果不能站在别人的立场考虑问题，就无法体会别人的难处、别人的感受，就不能使人际关系达到“你中有我，我中有你”的和谐境界。

每个人都是独一无二的，每个独一无二的人共同组成了这个多元的社会。人生需要面对各种考验和挑战，家长有责任教会青少年认识苦难，并与他们共同面对。生命的意义有两个要素——关怀和感恩，欠缺其中任何一项，生命就不完整。当我们吃得饱，穿得暖，与家人共享天伦之乐时，我们还应想起饥寒交迫的贫民，给予同情，施以援手，这样，我们不仅能为他人增添温暖，还可使自己内心的快乐增加。

人生最宝贵的美德就是与人为善。如果一个人能明白这些，再尽力去帮助别人，那么他的生命就将有惊人的成就。不是为了有所回报而给别人以帮助和鼓励，却会有所得。个人给予别人的帮助越多，收获的也就越多。有时，几句鼓励的话也能造就一个成功者。而那些对他人冷漠小气的人，反而会使自己处于孤独无援的境地。人最大的弱点之一就是误解他人、妄断他人、指责或不信任他人。我们在生活中要善于看到别人的长处，与人为善，存有怜爱之心。

---

① 参见［美］琳达·亚当斯、［美］埃莉诺·伦茨：《绽放最好的自己：如何活成你想要的样子》，郑正文译，北京理工大学出版社 2017 年版，第 246 页。

二、事中理性克制，冷静战胜冲动

（一）克服暴力心理和暴力倾向，加强自我管理

“当我们不够宽容时，我们会觉得是别人行为不当。”愤怒和有敌意的人更容易不幸福。美国医学博士雷德福·威廉姆斯和哲学博士弗吉尼亚·威廉姆斯研究发现，易愤怒的人与别人维持亲密关系会有困难，他们在工作中常感觉有很大的压力（工作中很少获得满足），他们有可能不合群和孤独。愤怒对人的身体、心智、精神都有很大的破坏性。愤怒能减缓血液流向心脏，升高血压，提高胆固醇水平，影响免疫系统，增加各种原因的死亡风险。

任何人都会有感到愤怒的时候……

当你生气的时候，你是怎么使自己平静下来的？

那是如何帮助到你的？

结果是怎样的呢?

如果某人令人不快，你会怎么处理呢?

别人如何提供帮助?

——［美］苏·扬《超越霸凌》

青少年时期是易怒易冲动的时期，经常为生活中一些小事而生气。因此，青少年必须学会处理因生气而造成的情绪波动。首先，要思考和认识愤怒的诱因，并学着对愤怒的诱因已经启动的情况发出信号，用冷静的语言而非拳头来表达愤怒。行动之前先停下来思考一番，承认自己的感受，而不是将感受怪罪于其他人。思考其他人可能会有何感受，将大问题分解成小问题，讨论重要的问题，忽略不重要的问题。作为在一个教室一起学习生活的同学，大家可以一起努力，共同处理愤怒问题，对彼此提供健康支持并进行改变。①

任何人都避免不了情绪的纠结，纠结的情绪就像一个随时都会来纠缠你的魔鬼，一旦被缠上就很难摆脱。这个时候，就需要有一个合理的处理方式，既可以很有效地赶跑它，还能很好地保护自己。否则，遭遇不良情绪的时候，容易因一时冲动而走向极端。情绪像感冒，会传染，也会接力，一件事情的不顺利，会导致坏情绪的产生，而当这种坏情绪没有得到及时的排解，就很有可能以接下来发生的事情为排遣的出口，将情绪传染给更多的人和事。青少年要学会乐观豁达地看待一些事情，很多时候，只是你自己在跟自己生气，因为事情并非你想象的那个样子，你觉得爸爸妈妈不关心理解你，处处责怪你，你觉得委屈，深深的怨气会吞噬你的理智，你需要排解，却将自己推向了极端。这是不可取

① 参见［爱尔兰］基思·沙利文：《反欺凌手册》，徐维译，中国致公出版社 2014 年版，第 300 页。

的，并且是万万不可上演的剧目。①

因此，当青少年自我觉察到有愤怒情绪与暴力倾向的时候，需要换一种应对方式。如果他人的言语或行为让你生气了，告诉他们，这种情况需要双方进行沟通。尤其要告诉对方，他（她）说了什么、做了什么，为什么这会让你愤怒，以及你希望怎样改善目前的状况。问他（她）是否理解你愤怒的原因，并且要求他（她）陈述对当前情况的理解，还可以问他（她）能否和你一起努力来解决问题。② 因为愤怒的能量是需要释放出去的，所以存在把愤怒转向不是愤怒来源的人身上去的可能，而这只会使事情变得更糟。如果你对某件事感到愤怒，可以要求与相关人员谈话，倾诉愤怒，要避免将你的愤怒转移到不相干的人身上。③

人在发怒时是很容易失去理智的，这个时候就需要自己有很好的道德修养和意志，尽量杜绝或降低发怒时的情绪反应。具体可以通过内部语言或文字的表现形式来协助。如有的人在自己的床头或者课桌旁贴上“息怒”的字样，当遇到想要发怒的事情时，一看到“息怒”二字便

① 参见郗俊生、乔学慧、虞承波等：《谁说青春一定迷茫》，知识产权出版社2017年版，第85~86页。

② 参见张天清主编：《青少年心理自助成长100问》，百花洲文艺出版社2018年版，第116页。

③ 参见张天清主编：《青少年心理自助成长100问》，百花洲文艺出版社2018年版，第117页。

会冷静下来。当冲突发生时，先在内心估计一个后果，想一下自己的责任，将自己升华为一个有理智、有豁达气度的人，就一定能控制住自己的心情，缓解紧张的气氛。“忍得一时之气，免得百日之忧”，合理的让步不仅对解决问题大有益处，也会赢得别人的尊重。[①] 问一问自己，和同学相处中，会去欺凌什么样的同学？想要欺凌他(她)时自己的想法是什么？现在的想法是什么？停止欺凌，如何能做到与他(她)友好相处？更具体的做法有哪些？[②]

首先，努力做个心胸宽广的人。俗话说，心有多大，舞台就有多大，正是这个道理。当你以开阔的心境去看待一些事情的时候，就会觉得一切也不过如此。生活中的琐事那么多，你在乎得了全部吗？退一步海阔天空。不在小事上纠缠，你就是一个快乐并被友爱时刻包围的人。

其次，时刻保持冷静和理智。不管遇见什么事情，当你以一个冷静的旁观者的姿态去观察的时候，就会觉得其实这些都是微不足道的。冷静地、理智地面对和处理情绪上的波动，也是一个人成熟的表现。同时我们要学会排解。每个人都有情绪，坏情绪也会偶尔冲破防线，来到你的身边，这样的时候最好是寻找一个合适的排解口。

最后，加强自我素质的提升。一个人性格上的易暴、易怒、易生气是缺乏修养的体现，假如你做不到心胸宽广、冷静、理智，就要及时进行修养提升。青少年在这一方面尤其需要加以重视。[③]

---

① 参见袁磊编著：《生命之眼：如何塑造青春期的灵魂》，中国商业出版社 2009 年版，第 134~135 页。

② 参见方刚主编：《让欺凌归“零”——终止校园欺凌工具包》，中国社会科学出版社 2018 年版，第 293 页。

③ 参见郗俊生、乔学慧、虞承波等：《谁说青春一定迷茫》，知识产权出版社 2017 年版，第 84 页。

训练营

自我觉知正念练习

舒适地落座。你不一定非得盘腿。坐在椅子上、垫子上，或者地板上，哪里都可以。只要你保证脊柱直立。体会身体的感觉，比如紧张感、心狂跳的感觉、强烈的渴望、头晕……准确地感知它们，给它们起名字。这会帮你掌控它们。

呼吸时感受气息的进出。选择一个身体部位——鼻腔、胸口或者内脏，将你的注意力集中在那里，认真地尝试感觉自己的呼吸。你可以使用一些柔和的提示，比如“吸气”“吐气”，只要有助于引导你的注意力即可。[1]

不要试图执着于任何一种体验。只需要描述它，再将它放下，然后等待下一种体验。你只需要观察自己的心理和身体，觉察念头、感觉和情绪。如果你感到痛苦，请你注意这种痛苦并以开放的心态去等待下一种体验的来临。继续观察每一种

① ［美］丹·哈里斯：《一个冥想者的觉知书：告别焦躁／迷茫／压力的自我训练法》，田芳、张亚杰译，中国青年出版社2015年版，第121页。

体验，不管它是什么，在描述它后将它放下，以便继续用心观察下一种体验。

在你观察时，让这一切自然地发生：念头……感觉……情绪。你是天空，而它们都只是气象，它们只是转瞬即逝的气象……你只需要去观察、描述、放下。

静静地沉思两分钟，睁开眼睛，练习，将你的注意力转移到周围的事物上。①

建议每天做这项正念练习，以便更加娴熟和舒适地观察自己的内心体验。经常做正念练习，你就会知道自己要怎么做才能保持正确的方向，避免做出有巨大潜在风险的崩溃举动。而且，你会变得足够冷静，可以倾听自己内心的忠告了，从而帮助自己在压力和冲动面前保持冷静和镇定。

（二）宽容待人，妥善处理人际矛盾

不管一个人的成就有多大，有多少学问，如果他不懂与人交往，不和别人生活在一起，不懂培养对他人的同情心，不能帮助人，不对别人的事感兴趣，也不能与别人同舟共济，那么，他的生命一定会孤独、冷清并缺少乐趣。

因此，青少年要宽容待人，妥善处理与同学的矛盾，形成良好的人际关系。具体方法如下：

1. 正确面对。同学矛盾有两种：一是积累性的，因长时间不合而产生分歧或者争论。二是偶然产生的分歧与争端。无论哪种都要一分为

---

① ［美］马修·麦克凯等：《人际关系心理学：学会相处之道》，陈幼堂、陈书瑶译，重庆大学出版社 2016 年版，第 62 页。

二，分清自己对错，正确处理。

2. 认真反思。矛盾的产生是有原因的，首先要认真反思自己的行为和言论是否有过错或存在过激之处。一旦思考不出对错，可以请求他人指点，在别人的开导下充分认清自己的对错。

3. 寻求和解。与别人发生矛盾后，只要有一颗真诚的心以及积极主动的态度，总能找到和解的机会，这样可以避免误会加深。但是，有些情况下，先冷静一段时间也是不错的选择。在冷处理的过程中，细心寻找和解的机会，策划和解的行动，和解成功的把握会更大。采取什么方式和解最好呢？如果有很多同学在场，直接提出和解，万一对方不接受，无论什么原因，都会打击提出和解一方的信心和积极性。所以，公开场合应以意会为好。比如，在班级里，对方正想借一块橡皮，你就递一块橡皮过去，即使他没用你递过去的，也会明白无误地知道你想和好的意愿。反过来，你也可以试着向他借块橡皮，即使他没借给你，你的行为也向他表明你没把之前的矛盾当回事。[①]

① 参见金舒编著：《青少年成长必修的7堂挫折课》，安徽文艺出版社2013年版，第158页。

4. 同学帮助。如果对方错误较大，可以请求同学帮助解决，双方互谅互解，把问题和平解决。作为第三方调解人的同学，要公平、正义、不偏不倚，听取双方的看法和想法，使调解得到双方的赞同。调解人可将矛盾的双方分开，分别了解情况，让矛盾双方冷静下来，想一想矛盾发生的前因后果，看一看其中有没有误会。

资料卡

人与人之间，
真正需要的，
是一桩桩小事上的互相理解和包容。
你说，我懂；
我说，你懂。
“我们”是最美的称呼！①

5. 老师化解。同学帮助无果，可以请求老师化解，在老师的教导中把问题解决。

良好的人际关系能够收获彼此的安慰、分担、支持，这些都会让人产生心理安全感，产生更多的愉悦感，会使 β－内啡肽这种使人快乐的大脑神经递质增加。β－内啡肽是中枢神经系统中的一种“天然吗啡”，它作用在阿片受体上，产生镇痛、麻醉效果，并让人感到身心愉悦。具体来说，积极的社交与群体活动会促进 β－内啡肽分泌，让人从中体验到乐趣；相反，独处则会引起 β－内啡肽活动水平下降。

① ［韩］宋贞林：《善待自己：让自己变更好的幸福箴言》，梁丹译，江苏人民出版社 2019 年版，第 122 页。

很多时候，我们不能“一条道走到黑”。要学会宽容，相互谅解，求同存异。生活在集体中难免磕磕碰碰，这是正常现象，我们应该做到严以律己，宽以待人，事事注意，谨慎稳妥，尽量不要影响别人。同时，还要关心别人，给别人方便，这样可以减少许多不必要的纠纷。例如，在食堂就餐不要插队；在球场打球、踢球，如果不小心影响了其他同学，要主动赔礼道歉，求得对方的谅解。无论出现什么情况都不能出言不逊，避免扩大事端，激化矛盾。

（三）谨慎交友，谨防团体入伙欺凌别人

友谊应该是人与人之间的一种真挚的情感，是一种高尚的情操。当你遇到困难和危险时，朋友会无私帮助；当你有了烦恼和苦闷时，朋友会耐心听你倾诉。但是，友谊也是有原则、有界限的，友谊不能违反法律，不能违背社会公德。“哥们儿义气”源于江湖义气，青少年容易为“哥们儿”而不分是非，不讲原则。诚然，友谊需要互相理解和帮助，需要“义气”，但如果为“朋友”非得两肋插刀，甚至不顾后果，不负责任地迎合“朋友”的不正当需要，这不是真正的友谊，也算不上真正的“义气”。[①]

青少年容易头脑不理智，遇事全凭感情冲动，头脑一热便不计后果，结果酿出很多祸事。正确的方法是：遇事三思而后行，多问几个“该不该”，符不符合社会主义精神文明，这对自己是有好处的。古人云，“行成于思，毁于随”，就是说多想可以避免许多差错。做到这一点，再有人用“义气”为借口拉你干错事，你便会有所察觉，不为“义气”所动了。当然，你的朋友来找你，不一定都是干坏事，要具体情况具体分析。和“哥们儿义气”告别，需要坚强的意志和决心。刚开始时你的

---

① 参见李树桃编著：《青少年自我保护实用知识 100 问》，金盾出版社 2011 年版，第 165 页。

心情可能是痛苦甚至是矛盾的，也许会招来打击报复，但在你勇敢地迈出第一步以后，你会觉得自己在升华，在提高，在不断充实。[①]

知识窗

“割席分坐”的故事

故事出自《世说新语·德行》。三国时期，管宁和华歆在一起读书，一同学习。不过两人的性格很不一样。管宁俭朴好学，不慕富贵，华歆则恰恰相反。

有一天，二人在菜园里锄地，忽然锄出一块金子来。管宁好像根本没有看见，只顾锄地。华歆却惊喜万分，立刻把金子捡起来，准备偷偷装进腰包，可是看看管宁一副冷淡的表情，才不好意思地悄悄又把它抛下了。

① 参见李树桃编著：《青少年自我保护实用知识100问》，金盾出版社2011年版，第166页。

又有一次，二人正在书房读书，恰巧有一位贵官经过，旗伞人马，前呼后拥，十分威风。管宁好像根本没听见，一心读他的书。华歆却抛下书本，连忙奔跑出门，去看热闹，看了好一会儿才回来。回来以后，还对管宁大谈那位贵官的排场如何阔气，流露出非常羡慕的神情。管宁听罢，抽出刀来，把两人同坐的席子从当中一刀割成两半，很严肃地对华歆说："你不是我的朋友，你别跟我坐在一起！"① 这则故事旨在告诫人们要审慎择友。

三、事后知错就改，积极修复和补偿

进步不可能没有改变，那些不能改变自己的人，什么都改变不了。

——［爱尔兰］萧伯纳

（一）学会知错就改，迷途知返

有这样两句童谣："知错改错不算错，知错不改错上错。"其实，在每个人的一生中，都会犯过或多或少、或轻或重的错误，没有犯过错误的人在这个世界上是不存在的。童谣告诉青少年的道理是，犯了错误并不可怕，只要勇敢地承认错误，努力地改正错误，弥补过失，就是可以原谅的。相反，如果犯了错误，尽力掩盖错误，极力逃避责任，那只能是错上加错。②

① 参见张玉东编著：《成语故事》，天津古籍出版社 2003 年版，第 137 页。

② 参见陶海彪主编：《与孩子一起成长》，东南大学出版社 2009 年版，第 125 页。

最简单也最有效的方法就是为自己的行为真诚道歉。告诉对方，你知道自己造成了伤害，你真的很抱歉。在现实情况下，我们往往忘了对别人说“对不起”或认为不需要说。“对不起”虽然不是道歉的全部，但这是寻求别人谅解的一个契机。[①]要确保说“对不起”的时候是真诚的，任何不真诚的道歉都骗不了人，一旦别人对你产生了不信任感，那你可能也就不会获得谅解。如果是真的抱歉的话，就意味着你不会再犯同样的错误，不会再度让别人陷入痛苦的境地之中。

此外，还要学习承担相应的责任。如果你承认了错误，也表现出后悔的态度，但不想承担责任，就会让人怀疑你道歉的诚意。有许多人觉得道歉的目的就是避免承担责任。最常见的情况就是：“我不是道过歉了吗？为什么他还不依不饶呢？”其实，就是因为只有口头上和态度上的道歉，没有在行动上承担相应的责任，这样的道歉是无效的。[②]

① 参见［美］大卫·J. 利伯曼：《搞定所有人：如何与所有人和谐相处》，侯瑞芬、邓文华译，重庆出版社 2006 年版，第 123 页。

② 参见李劲：《话语暖心学》，天津人民出版社 2018 年版，第 187 页。

法律链接

《民法典》

第 179 条第 1 款 承担民事责任的方式主要有：

（一）停止侵害；

（二）排除妨碍；

（三）消除危险；

（四）返还财产；

（五）恢复原状；

（六）修理、重作、更换；

（七）继续履行；

（八）赔偿损失；

（九）支付违约金；

（十）消除影响、恢复名誉；

（十一）赔礼道歉。

青少年可以选择以上提到的一种或若干种方式对自己的过错进行弥补，真诚地向受害人道歉、和解、从事志愿服务等。勇于承担责任，积极修复和补偿因自己的过错行为对受害人的权益造成的伤害，修复受损害的社会关系。

（二）主动弥补伤害，重塑人际关系

我不敢说如果我们改变，事情是否会变得更好。但我可以确定，如果事情要变得更好，它们必须做出改变。

——［德］乔治·利希腾伯格

不要连续犯错误。有时候，我们为了补救一件错事，不得不连续犯更多的错误，做更多的错事。如果说了一次谎话，那么往往需要一个更大的谎言才能弥补。校园欺凌也是如此，只要你做了一件错事，往往就会陷入这样的怪圈。为自己犯下的错误寻找借口是不恰当的，如果不懂得如何避免，又犯同样的错误，更是错上加错。没有谁是完美的，每个人都会因为自己的缺点付出代价，但是，如果刻意掩盖自己的错误和不足，利用花言巧语为自己的失误辩护，那么你只会失去更多。即使是最伟大的人也会犯错误，但是他不会被同一块石头绊倒两次。聪明的人也可能犯错误，但是他不会因此一蹶不振，在所犯的错误上止步不前。[①]

对于青少年来说，主动弥补伤害非常重要。如果打坏或损坏了东西，要想办法补偿。假如你没有钱购买东西来补偿，条件许可的情况下，可以找份兼职工作挣钱补偿。如果你在功课上得了很低的成绩，就老老实实承认，不要说是因为老师不喜欢你或辩解说自己从未旷课——即便事实如此，父母通常也会认为这只是一个借口。为什么呢？因为你可以逐步改善这种状况，更加努力学习，找人帮助，对自己的行为负责。正确的做法是告诉父母你错了，说你以后会改正。

尊重被你伤害或和你发生冲突的另一方。要对你在这段关系中的表现以及你对对方所做的行为负责。诚实地对待冲突另一方，在任何时候都力求真诚而直接，避免别有用心的动机和欺骗的花招。对另一方的意见和反馈持开放心态，并尽可能最大限度地考虑对方意见的合理性。同意达成一个能够实现与被伤害的另一方“双赢”的解决方案。

---

① 参见［西班牙］巴尔塔沙·葛拉西安：《千年智慧书》，树君、继月译，商务印书馆国际有限公司 2010 年版，第 41~42 页。

第二单元　校园欺凌的预防及应对：受害人角度

一、事前预防：怎么才能不被欺凌

2016 年 6 月，国务院总理李克强对校园暴力频发做出重要批示，批示指出：校园应是最阳光、最安全的地方。2017 年 4 月 12 日，李克强总理在国务院常务会议上再次强调，要切实把校园建设成最阳光、最安全的地方。青少年面对校园欺凌，既不能“视而不见”，也不要以暴制暴，应做出行为上的改变。不仅要加强自身意识，充分认识校园欺凌的严重危害，还要打破沉默，勇于沟通，积极取得教师和家长的支持和帮助。认真学习相关法律法规，利用法律武器保护自己。欺凌者、被欺凌者和围观者都要意识到校园欺凌危害的严重性，共同维护校园环境，保护自己，远离欺凌。

本部分将教给青少年人际交往的注意事项，如选择什么样的人成为朋友、如何化解同学之间的矛盾、如何与宿舍同学相处、怎么面对同学的欺负行为、产生极端心理和暴力倾向时怎么办，以及发现自己可能被人欺凌时怎么处理等。

关于校园欺凌的事前预防，要牢记的要点有：不摆阔气；学会调节和控制自己的情绪，同学间有矛盾要及时化解；不结交不良朋友；与人相处不能恣意妄为，既要学会合作交流，又要讲原则，遇事不能一味退缩；在外不存贪婪之心；对不熟悉的人的邀请要心存警惕。具体来说，以下几个方面需要谨记，并灵活运用。

（一）明确自身权利，勇敢保护自己

“法”对于每一个公民来说都是保护神。但是，如果你不知道自己有哪些合法权益，国家有什么法规是保护这些权益的，那么，当你的合法权益受到不法侵犯时，你就会处于一无所知的状态，或者虽有所知，却不懂得怎样依法进行自我保护。所以，学法、懂法是依法保护自身合法权益不受侵犯的前提和基础。①

《联合国儿童权利公约》规定，每个儿童都有受教育的权利，每个儿童都有安全的权利。欺凌行为侵犯了青少年的人格尊严、隐私、自由以及安全的权利，并且影响受害者的身体、心理健康。

未成年人作为公民中的一个群体，享有法律赋予一般公民的所有合法权利，如政治权利、经济权利、人身权利和文化权利。同时，未成年人是公民群体中相对于成年人的弱势群体和特殊群体，《联合国儿童权

① 参见房余龙主编：《青少年自我保护手册》，苏州大学出版社2012年版，第141页。

利公约》等国际法以及我国《宪法》《未成年人保护法》等国内法，也赋予了他们一些特别的权利，或者强调了一些应当特别予以关注与保护的权益。

生存权是青少年的一大权利。生存是人的第一本能，生存权也是一个广义上的概念，包括保持生命存续权、获得身体健康权和免受物质匮乏权等的。所有未成年人都有生存的权利，这不仅指他 / 她有要求自己的生命存活的权利，而且还包括他 / 她享有该生命存在所必需的最基本生活保障的权利。《联合国儿童权利公约》第 6 条明确规定 ：“1. 缔约国确认每个儿童均有固有的生命权。2. 缔约国应最大限度地确保儿童的存活与发展。”国家、社会、家庭等均有责任维护未成年人的生存权，有责任消除威胁未成年人生存的因素，如法院不得判处未成年人死刑，国家应确保未成年人受到家庭和社会的爱护及关怀，应向未成年人提供营养食物、医疗服务、教育、住所等。

同时，青少年享有受保护权，尤其是国家层面的强有力保护。2020 年修订的《未成年人保护法》确立了“国家亲权”责任，明确在未成年人的监护人不能履行监护职责时，由国家承担监护职责 ；增设了发现未成年人权益受侵害后的强制报告制度。设立未成年人的受保护权的主要目的是使遭受侵害的未成年人及时得到救济，并使有遭受侵害之虞的未成年人免受侵害。未成年人的受保护权主要包括受家庭特殊保护的权利、受社会特殊保护的权利和受司法特殊保护的权利。这一保护的必要性主要源于未成年人生理、心理、智力方面的幼弱性和易受害性，及其在人类群体中地位的重要性。相对于成年人而言，受保护权是未成年人的一项特别权利。

人身权是公民的一项重要权利。对于侵犯他人人身权的行为，依照情节和伤害程度的轻重，法律规定了不同的处罚。《刑法》第 234 条规定 ：“故意伤害他人身体的，处三年以下有期徒刑、拘役或者管制。犯前款罪，致人重伤的，处三年以上十年以下有期徒刑；致人死亡或者以特别残忍手段致人重伤造成严重残疾的，处十年以上有期徒刑、无期徒刑或者死刑。本法另有规定的，依照规定。”

《民法典》第1179条规定：“侵害他人造成人身损害的，应当赔偿医疗费、护理费、交通费、营养费、住院伙食补助费等为治疗和康复支出的合理费用，以及因误工减少的收入。造成残疾的，还应当赔偿辅助器具费和残疾赔偿金；造成死亡的，还应当赔偿丧葬费和死亡赔偿金。”

具体来说，人身权包括如下八种权利：

1. 生命权。是指人身不受伤害和杀害的权利，或得到保护以免遭伤害和杀害的权利、取得维持生命和最低限度的健康保护的物质必需的权利。

2. 身体权。是指自然人对保持其肢体、器官和其他组织的完整而依法享有的权利。身体权有其独特的保护范围，对身体权的侵害行为，不以对身体的侵害造成生命、健康的损害为必要。

3. 健康权。是指自然人保持其正常的生理和心理机能状态及社会适应能力的权利。

4. 姓名权。是指公民决定其姓名、使用其姓名和变更其姓名，并要求他人尊重自己姓名的权利，是以姓名利益为内容的权利。主要包括姓名的命名、使用、变更并排除他人的妨碍和侵害。

5. 肖像权。肖像是指公民身体的外部表现，并通过传统美术和现代科学将人身体的外部表现在客观上再现，如通过雕塑、摄影、画像。肖像反映的是肖像者的真实形象和个性特征，肖像与特定人的人格不可分离。肖像权是公民对自己的肖像享有利益并排斥他人侵犯的一种人身权利，是以公民的形象、特征利益为内容的人格权。

6. 名誉权。名誉是指社会或他人对特定公民、法人的品德、才干、信誉、商誉、资历、功绩等方面的评价的总和。名誉权就是公民、法人依法享有的，有关自己的客观社会评价不受他人侵犯的一种人身权利。

7. 隐私权。又称个人生活秘密权，是指自然人不愿公开或让他人知悉个人秘密的权利。

8. 信用权。是指民事主体所具有的经济能力在社会上所获得的相应信赖与评价所享有的保有和维护的人格权。作为民事主体的自然人和法人，都依法享有信用权，其他任何人不得非法侵犯，征信机构也不能侵害这种权利。[①]

（二）学会拒绝，不要默默忍受

校园欺凌受害人的性格普遍内向温和，相对脆弱，遇到一点针对性事件容易表露出自卑和痛苦，越是如此，反而越容易受到其他同学的欺凌，甚至是一种集体的排挤和针对。

有一些研究发现，越是弱势群体，越具备一些性格特征从而招来欺凌者的欺压。校园欺凌的受害者的性格通常偏软弱，因为本身的自卑，没有太多的自我维护意识，习惯于服从别人的要求，哪怕是不合理的要求。青少年在成长发育期间，心智也不够成熟，对于自己遭受的欺凌，大多数人为了息事宁人，选择默默忍受和接受，不敢告诉家人和学校、老师。而这种做法只会让示威者更加猖獗，这也是校园里会有“班霸”“校霸”等出现的原因之一。

因此，预防校园欺凌首先要学会拒绝，有自己的想法，不要唯唯诺诺。很多欺凌者都会让被欺凌者去做一些不好的事情，青少年在遇到这种情况时一定要学会拒绝。

青少年如果不慎遭到欺凌或可能遭到欺凌，也不要默默忍受，否则只会让侵犯者变本加厉，肆无忌惮。比如，碰到强索或者身体欺凌时，

---

① 参见武亚莉主编：《以案说法——青少年必备法律知识读本》，黄河水利出版社2014年版，第96页。

要懂得反抗，如果在公共场合被胁迫，可以尝试向路人呼救，如果已经被带到封闭的地方，则要学会迂回战术，可以假装迎合对方，然后伺机逃脱，并且及时把情况告诉老师、家长。再如，面对性欺凌，青少年要知道，你的身体从头到脚都是属于你一个人的。你身体上的一些部位是特别私密的——就是你去游泳时穿泳衣遮住的地方，除非有正当理由，否则，绝对不能允许别人触摸那些地方。当然，你也不能随意触摸别人的隐私部位。[①]

案例

小鹏家境优越，平时吃的、穿的、用的都很好。因此，几个经常小偷小摸的高年级同学盯上了他。这天，小鹏放学后独自一人往家走。刚走出校门不远，那几个高年级同学就围过来，一个装模作样地对他说："小鹏，走，咱们不是说好了要去踢足球吗？"另一个小声说："别说话，跟我们走，否则后果自负。"小鹏无奈，只好被他们拉着来到一条偏僻的小道上。小鹏看看四下无人，这些人又虎视眈眈地望着他，不禁有些害怕。这时，其中一个长相凶恶的同学冲着他说："小同学，穿得挺好嘛！家里挺有钱吧？哥们儿我这几天缺钱花，跟你借点儿，行吗？"小鹏心想，眼下这形势不给他们是过不了关的，只好把自己身上的钱都给了他们，同时暗暗用心记下了他们每个人的长相特征。那个长相凶恶的同学说道："小兄弟，不错嘛，挺识相的。不过，你要是把今天这事说出去的话，小心你的命！"说完狠狠瞪了小鹏一眼，然后离开了。小鹏回家后就

① 参见［美］珊蒂·克雷文/文、［美］茱蒂·柏斯玛/图：《不要随便摸我》，刘敏译，青岛出版社2011年版，第18页。

把这件事告诉了爸爸妈妈，并随爸爸妈妈到公安机关报了案。没过几天，那几个高年级同学就受到了相应的处理。[①]

上述案例中，小鹏的做法的正确之处是：他没有因为受到威胁而隐瞒了发生的事情，而是立即告诉了父母，避免了严重后果的发生。

（三）遵循人际交往的基本准则，避免与人冲突

和平不是没有冲突，而是有应对冲突的创造性替代方案。

——［美］多萝西·汤普森

1. 坚持互帮互助的人际准则。青少年在人际交往中，要平等待人，乐于帮助别人，为别人排忧解难。要给别人以信心和勇气，而不能只想到在人际交往中自己一方的获取、自己一方的收益。当其他同学思想上遇到障碍时，应及时帮助他们分析原因，尽快克服、排解；当其他同学的学习遇到困难时，应主动帮助他们尽快克服困难，防止掉队；当其他同学因家庭情况的变化而生活困难时，应尽可能伸出援助之手，为他们分忧。在帮助别人时切不可以强者、恩人自居，更不可要求报答；但在被别人帮助时，无论收益大小，

① 参见马雷军：《遇到危险怎么办？青少年紧急自护手册》，石油工业出版社 2005 年版，第 232~233 页。

你都应该向对方表示诚挚的谢意，俗话说，“滴水之恩当涌泉相报”，不应忘却在自己困难时别人给予自己的关心和爱护。[1]

2. 共同遵守学习与生活制度。严格遵守班级公约，为共同创设良好的学习环境而努力。上了中学后，不少同学需要住学校宿舍，而一间学生宿舍通常由若干同学共同居住，有的学校则是七八个甚至十多个同学共住一间宿舍，这么多同学一起生活，相互之间不可能没有差异。大家的生活方式、学习习惯不尽相同，为了友好相处，必须遵守共同的作息制度等规定，这样才能减少争执，消除摩擦，避免发生矛盾。

3. 学会语言沟通。在与人交谈的过程中，多使用一些礼貌用语能够使自己更具有亲和力，也可在无形中提升自身的形象，给对方留下一个良好的印象。同时，常使用一些礼貌用语，也会在不知不觉中拉近自己与对方的距离。此外，有时候我们也可以借助信件等书面沟通方式来表达我们的情绪、情感，“有些话我一直想跟你 / 你们说，却始终是在心里默默想过很多次，没有说出口。今天我知道如果我再不告诉你 / 你们的话，我会______，所以我决定把我的话写下来。在你 / 你们______我之后，我感到______，并且变得______。我想告诉你 / 你们，有时候我一想到你 / 你们，就______，假使我再次遇到你 / 你们对

① 参见刘良友编著：《善交际，巧沟通：青少年人际交往能力训练》，安徽文艺出版社 2013 年版，第 10 页。

我______时，我会______而且______。”[①]

语言沟通的时候要注意不要使用忌语。忌语，是指不礼貌的语言、他人忌讳的语言、粗话、脏话等，是语言中的垃圾，必须坚决清除。青少年在与人沟通交流的过程中往往不太注意细节问题，常常因为疏忽大意，不经思考就脱口而出，有时一语不慎就会冒犯到他人，使沟通陷入尴尬的境地。[②]

（四）增强自信，摆脱软弱

我从前胆子很小很小，
天一黑就不敢往外瞧；
妈妈把勇敢的故事讲了又讲，可我一看窗外心就乱跳……
爸爸晚上偏要拉我去散步，
原来花草都像白天一样微笑；
从此再黑再黑的夜晚，
我也能看见小鸟怎样在月光下睡觉……

——徐鲁《夜色》

通常那些性格较为懦弱、内向，并且常有自卑消极心理的青少年更

① 参见方刚主编：《让欺凌归“零”——终止校园欺凌工具包》，中国社会科学出版社 2018 年版，第 266 页。

② 参见刘良友主编：《善交际，巧沟通：青少年人际交往能力训练》，安徽文艺出版社 2013 年版，第 107 页。

有可能受到同伴的排挤和欺负。此外，缺乏自尊感和自信感的青少年以及被动型性格的青少年也容易成为被欺凌者，他们认为那些精力充沛、骄傲自满并且自我中心感强的人很容易使他人感觉不顺眼，因此那些被欺凌者通常感到焦虑沮丧，精神涣散，甚至会出现自闭和智力低下的情况。

正确认识自己。俗话说："尺有所短，寸有所长""金无足赤，人无完人"。每个人都有长处与短处，因此，正确的比较应该全面。既比上，又比下；既比优点，也比缺点。跟下比，看到自身的价值；跟上比，鞭策自己以求进步。这样，就会得出"比上不足，比下有余"的结论。明白了这一点，心理上也就取得了平衡。其实，最重要的比较，是自己跟自己比。走自己的路，奋发努力，不断进步，发出自己的光和热，这就是光荣的、有意义的人生。①

学会喜欢自己，青少年必须培养面对自己的缺点的耐心。应该知道，期待别人完美是不公平的，期待自己完美则是最愚蠢的。千万别这么苛刻地对待自己。学习放松自己，取笑自己并欣赏自己。只有尊重并喜欢自己，才能与自己好好相处。进而才能期待别人也喜欢与你好好相处。

"那个人根本都不在乎我，他一点也不喜欢我、不尊重我，所以对我一点都不好。"这种想法对一个自信心很弱的人来说，完全是种无意识的心理活动。一般来说，一个人越能接受自己，越能正确地看待自己，也就能越宽容地接受别人。世界是经过每个人的自我形象过滤之后再塑造出来的，一旦自我形象被扭曲、被变形，人际关系也会随之受到扭曲。

富有自信，关键是要自我接受。每个人都是一个独立而特殊的存在。古希腊的一位哲人曾说，"天底下没有两片相同的树叶"，那么更没

① 参见于丹丹、郭美光编著：《中学生交往指南》，吉林人民出版社2010年版，第100页。

有两个完全相同的人。只有认识自己的特殊性，接受自己作为一个独立而特殊的个体的存在，才能相信自己，尊重自己，才能体会到自我存在的价值。不能接受自我则会导致自信心的严重不足。青少年应从现在做起，对自己说一些积极奋进的话语。每当身处困境、遭受磨难的时候，请对自己说："我一定会胜利的。"每当踌躇彷徨、低迷消沉的时候，要鼓足勇气，努力进取，而不要自暴自弃。请对自己说："我是好样的，胜利一定属于我。"

增强信心，要对过去的成绩做分析，自我评价不宜过高，要了解自己的缺点和弱点。在现实中陷入困境时，不要从一个极端跳到另一个极端。切不可为了面子羞于求教，而要向老师、同学虚心学习。因为只有自己相信自己，乐观向上，对前途充满信心并积极进取，才是消除自卑、促进成功的最有效的方法。[①]

有一句教育名言是这样说的：抬起头来走路。抬起头，意味着敢于正视前面的路，对于未来充满信心。抬起头来走路，极大地调动了身体的生理能量。心理学家威廉·詹姆斯认为，我们的情绪实际上就是对自己身体的感知。在他看来，"悲伤乃由哭泣而起，愤怒乃由打斗而致，恐

① 参见于丹丹、郭美光编著：《学生必读：中学生交往指南（彩图版）》，吉林人民出版社 2010 年版，第 100 页。

惧乃由战栗而来，高兴乃由发笑而生”。这种理论认为“人快乐是因为笑，人悲伤是因为哭，人恐惧是因为颤抖”，与常识正相反。一个人，当他昂首挺胸、大步前进的时候，在他的心里有诸多的潜台词：“我能行”“我的目标一定能达到”“我会干得很好的”“小小的挫折对我来说不算什么”。[①]

资料卡

优点歌[②]

我有一个大优点，让我变得强大点。
被人欺负我不怕，
不被欺负并不难，
鼓起勇气学说“不”，
一切烦恼都走开。
我有一个大优点，让我变得强大点。
谁都别想欺负我，
我有力量我最棒，
愤怒慢慢汇成河，勇气自然鼓起来。
我有一个大优点，让我变得强大点。
我的优点有很多，让我爱上我自己。
看看自己变强大，勇敢无敌顶呱呱。
我有一个大优点，让我变得强大点。

---

① 参见董芳：《唤醒学生数学自信心点滴谈》，载《新课程（上）》2015 年第 10 期。

② ［德］伊丽莎白·崖勒 / 文、［德］达柯玛尔·盖斯勒 / 图：《别想欺负我》，康萍萍译，辽宁人民出版社 2016 年版。转引自林甲针等：《让孩子远离校园欺凌》，福建教育出版社 2020 年版，第 188 页。

（五）融于集体，不再孤独

有的青少年由于缺乏必要的交际技能和方法，在人际交往中曾屡屡遭到拒绝或打击，自尊心和交际的自主性都会受到伤害。如果不能从正面分析原因，总结经验教训，便会走向极端，进行自我封闭。越不与人接触，人际交往能力就越得不到锻炼，越不能融入集体，进而人际交往能力与融入集体的自信心和兴趣越差，使自己远离同学、远离朋友、远离集体，结果就是越来越孤独。还有部分青少年对朋友、对他人非常信任，而同学、朋友的偶尔失信会导致他强烈的失望情绪，从而接受反面教训，“一朝被蛇咬，十年怕井绳”，对所有的人失去信任，做事独来独往，人际交往中的挫折体验最终导致其产生孤独心理。①

青少年为了预防被欺凌，要学会交友，融入集体之中，具体可参考下面的建议。

首先，要相信自己是有价值的，具备进入人际关系的勇气。因为一

① 参见吴苑编著：《当代中学生好理念、好心态、好习惯漫谈》，知识产权出版社 2017 年版，第 151 页。

个人如果意识不到自己有价值，就无法进入人际关系中。不过，是否反其道而行之的人更多呢——为了不进入人际关系而不承认自己有价值。有的人认为自己这种人没什么了不起的，用不着进入人际关系。他们有一种害怕心理，觉得自己都不喜欢自己，怎么能让别人喜欢自己呢？但是，一旦人有了自信，就会自然地进入人际关系中。

其次，要意识到，他人总是在有意无意之中把希望、鼓励、帮助带入我们的生命中，而这些希望、鼓励、帮助常常安慰我们的心灵，鼓舞我们的精神。人类的大部分成就都要依靠他人的影响才能完成。只可惜很少有人明白这个道理。朋友会给你介绍更多有趣、有益的朋友，不但可以陶冶你的性情，提升你的人格，还可以随时随地在各方面给你帮助。在社会上，你的朋友也能随时帮助你。

另外，如果你想要建立良好的人际关系，请记住下表给出的几点关于人的真理以及采取什么行动可以填补鸿沟的建议。①

人的特点	我们应该怎么做
人们都缺安全感	给予他们信心
人们都想感觉独特	真诚赞美他们
人们都想要更好的明天	给他们展现
人们都需要被理解	倾听他们
人们都是自私的	首先谈论他们的需要
人们都会情绪低落	鼓励他人
人们都想要成功	帮助他人成功

最后，如果你正面临社交孤立，想要融入集体，要逐步进行改变，以下步骤可以给你一些启发。

① 参见［美］约翰·麦克斯韦尔：《赢在今天：12个每日实践确保你明天的成功》，宋欣涛、赖伟雄译，中国社会科学出版社2011年版，第169页。

1. 理解自己童年期的社交孤立，感受内心深处那个孤独、自卑的儿时的自己。（例如，因为我和小伙伴玩耍总会被母亲训斥，所以我选择了每天待在家中，不再出去。）

2. 列出日常生活中那些让你觉得焦虑或不安的社交活动。（例如，在讲台上讲话我会不安、一进宿舍看见室友我就会焦虑。）

3. 列出你逃避的社交活动。（例如，我逃避和室友交流。）

4. 列举出你是如何反击或过度补偿自己与众不同或低人一等的情绪感受的。（例如，我会变得冷漠、表情会变得看起来很不高兴。）

5. 根据以上四步，总结出你的哪些特质让自己觉得孤立、脆弱或低人一等。（例如，我的外表、我只会读书、我没有钱、我不会交流会让我觉得低人一等。）

6. 如果你确信自己真的有某种缺点，写出克服它的步骤，然后按照计划逐步完成改变。（例如，我的缺点：不会交流，表情不自然。改变计划：试着敞开心扉，把室友当成好朋友，和他们交流；开学送一些小礼物给他们。）

7. 重新评估那些你无法改变的缺点的重要性。（例如，我没有钱，这让我很自卑，感觉寸步难行。）

8. 针对你的每个缺点，写一张卡片。

9. 列举出你逃避的社交群体，分别评定难度等级，做出自己的“逃避金字塔”，塔尖上是难度最高的，然后由下向上逐级解决问题。

10. 在群体中，努力主动与他人交谈。

11. 在群体中，坚持做自己。

12. 不再辛苦地过度补偿你自认为不受欢迎的地方。[①]

---

① 参见张零琳：《如何摆脱社交孤立，变得受欢迎？》，载百家号2020年5月9日，https：//baijiahao.baidu.com/s?id=1666204999908113427&wfr=spider&for=pc。

（六）远离校园“恶少”，选择合适的朋友

近年来，一些学校出现了校园“恶少”，他们恃强凌弱，欺辱敲诈，拉帮结派，殴打无辜，对学生的安全造成严重威胁。这些行为不良的青少年常堵在放学路上，对比自己小的学生进行威逼、搜身，把钱或物劫走，并且警告学生们不要告诉家长或老师。①

对于那些以自我为中心，平时就很霸道的同学，要尽量远离，避免冲突，不要招惹他们。尽可能不要与其他同学有冲突，起码不能自己去挑起冲突，如果有什么问题要及时报告老师，让老师处理。

必须“择其善者而从之，其不善者而改之”，路德·格林伍德在给年轻人的信中写道：“年轻的朋友们，你们一定要记住，宁可终身孤独，也绝不要与庸俗卑劣的人结为朋友。你的朋友最好是那些品格高尚、具有崇高精神的人。他们应该与你一样正直善良，当然如果朋友比你还优秀，那就更好不过了。”在我们中有许多人，当与好人相处时

① 参见陈开仁编著：《让孩子远离危险》，时事出版社 1999 年版，第 207 页。

就会变好；反之，则会变坏。[①]

花一些时间来考虑你为什么想和某个人做朋友。不要轻易改变信念，或者做出自己真的不喜欢以及明知道是错的事。朋友应该帮助彼此成为更好的人。同对你有益的人在一起，因为他们尊重你的感情，关心你，他们才是你真正的朋友。

在交友中尤其要注意与异性朋友相处的方式方法。与异性交往，言谈、举止、情感表露以及所思所想应自然、大方、有礼貌、行为有分寸。同时要保持一定的距离。人际距离是礼仪要求，也是安全标准。适当的距离会使双方都有轻松感和安全感。涉及两性的话题要尽量回避；不能过分亲密，给人以轻浮、不自重、不尊重他人之感。避免与异性在隐秘的地方相处，如公园、家中、宿舍。与异性往来要在公开场合进行，避免与同一异性有过多的单独相处。[②]

（七）加强体育锻炼，增强体质，学习防身术

体育锻炼有益身心健康是毋庸置疑的事实。研究表明，有规律的锻炼可以帮助人们预防疾病和缓解疼痛，还可以增强心脏功能，增加肺活

① 参见［英］塞缪尔·斯迈尔斯：《自己拯救自己》，雨青译，重庆出版社 2010 年版，第 184 页。

② 参见王振峰、潘度文主编：《预防少年性犯罪知识手册》，中国社会出版社 2011 年版，第 56 页。

量，减少引起压力的荷尔蒙，如皮质醇的聚集。体育锻炼可以使肌肉更有力、骨骼更强壮，还能够防止骨质疏松。同时，体育锻炼还能改变身体的灵活性，减少由于运动受限制而产生的

意外和受伤现象。实际上，体育锻炼能增强身体的忍耐力，改善睡眠质量，减轻压力，缓解疲劳。

体育锻炼还会对人的精神状态和生活态度起到微妙而重要的影响。只要坚持执行锻炼计划，随着制定的锻炼目标的实现，你的自信心和自我控制力都会得到提高。①

平时应多做运动，让自己的身体强壮起来，如果条件允许，还可以学习拳击、跆拳道、散打等，学习这些并不是为了打架，而是学习一种保护自己的能力。很多欺凌者都是欺软怕硬的“不良少年”，如果周围没有人向被欺凌者伸出援手，也没有人出面制止，那么只有提高自我防范的能力才能减少自己受到的伤害。

青少年在面对向自己动手动脚、欲施暴力的欺凌者时，首先应考虑反抗挣脱，因为恐慌、哀求都无济于事。记住，对手再凶狠也有恐惧心理，也有虚弱之处。一般女性的体力弱于男性，防身时要把握时机、出奇制胜，狠、准、快地出击其要害部位，即使不能制服对方，也可

① 参见［英］迈克尔·欣兹、［英］杰西卡·欣兹：《平衡你的生活》，徐庆译，书海出版社2005年版，第120页。

以制造逃离险境的机会。人的身体各部位都可以用来进行自卫反击，可根据手脚的自由程度和双方的相对位置选择反击方法，如手指戳其双眼，拳击其太阳穴，用手掌砍、手掐其咽喉，拳、肘击打其肋骨，膝顶、脚踢其裆部，甚至用鞋的高跟踩其脚面。[①]

（八）避免单独去特定的地方

大多数校园欺凌事件发生在比较偏僻、阴暗、人少的地带，一般为树林中、池塘边、远离宿舍区的教学实验楼附近，或无路灯的人行道、正在兴建的建筑物内。偏僻、天黑是犯罪的多发因素，一定要尽量避开这样的场合。青少年要切记：不要单独外出；不要单独待在偏僻的地方；不要独自去偏远的公路；不要独自通过昏暗的地下通道；不要独自去无人管理的公厕；外出活动要征求家长同意，并将准备去的地方、回来的时间、和谁在一起、联系方式等全部告诉家长，回家晚一定要家人接；[②] 尽量避免在午休、深夜或人少的时候单独外出；不要单独滞留或行走在偏僻阴暗处；不要进入网吧、酒吧、歌舞厅等青少年不宜出入

① 参见赤峰市学校安全与学生健康指导协会：《安全教育读本（初中版）》，中国大地出版社2008年版，第69页。

② 参见梁贵平主编：《青少年安全教育读本》，河北科学技术出版社2012年版，第11页。

的娱乐场所；如果在校园内行走，要走有灯光照明、来往行人较多的大道，对于路边黑暗处要有戒备，最好结伴而行；如果走在校外陌生的道路上，要选择有路灯和行人较多的路线。①

青少年在单独外出时一旦发现有人跟踪，也不要害怕，寻找机会跑向人多的地方报警求救。如果遇到不怀好意的人，要及时斥责，显出自信刚强的样子，同时要高声呼救。若四周无人，来不及逃脱，要选择合理方式与对方周旋，拖延时间或变换场所以待救援。②

训练营

绘制"危险区域地图"

首先，和同学一起绘制自己学校的地图，通过小组讨论，在上面标出不安全的区域，如容易发生校园暴力事件的区域，学校周围的交通安全状况，哪些建筑存在隐患，等等，然后结合大家意见，形成一张"危险区域地图"，学校的安全问题一目了然。其次，分析地图，准备采取进一步的行动。绘制"危险区域地图"，可以吸收家长和社区成员的意见，并且把地图的范围扩大，从校园扩大到整个社区，这样，孩子们也可以拥有更加安全的活动空间。③

---

① 参见祝杰编著：《校园安全知识问答》，安徽大学出版社2007年版，第49页。

② 参见滕红琴、赵惠敏主编：《青少年自我保护完全手册》，中国时代经济出版2006年版，第144页。

③ 参见中华人民共和国教育部师范教育司等：《爱生学校教师培训手册》，载联合国儿童基金会网，https://www.unicef.cn/reports/training-manual-teacher-child-friendly-schools。

知识窗

遇到欺凌怎么办

义正词严，当场制止遭遇险境，紧急求援。

虚张声势，巧妙周旋主动避开，脱离危险。

诉诸法律，报告公安心明眼亮，记牢特点。

堂堂正正，不贪不占遵纪守法，消除隐患。[①]

二、事中应对：被欺凌时的灵活应变

清醒的判断是进行成功的自我保护的重要前提，包括对是与非、真与伪、表与里、安与危、合法与非法的总体判断，以及对事件性质、疑点细节、当时处境的分析，对事态发展的种种预测等。当危机出现的时候，紧张、焦虑等可能会影响人们正常的判断，后果甚至不堪设想。我们偶尔会从新闻中看到这样的悲剧：某处发生火灾，有人因为着急，从楼上跳下摔死了，但其他人迅速撤离反而安然无恙。所以，保持头脑清醒在自我保护中是相当重要的。俗话说“当局者迷、旁观者清”，很多时候我们作为当事人，往往由于自身的局限性，被表面现象迷住了眼睛或被利害关系冲昏了头脑，当危险来临还浑然不觉。[②]

因此，在任何情况下，无论别人说得如何天花乱坠，都需要保持清醒，努力把自己设想成一个局外人，想象这是别人的问题，试着用旁观

---

① 参见《〈预防校园欺凌〉主题班会教案内容》，载文小秘网 2020 年 8 月 11 日，http://www.wenxm.cn/banhui/445743.html。

② 参见史毅军编著：《青少年自我保护能力的培养》，现代出版社 2011 年版，第 12 页。

者的角度来进行判断；或者问一问自己，如果父母遇到了这样的情况，他们可能会怎么做。努力保持头脑的清醒，也许就可以在危难之中帮助我们应对。

（一）平静面对言语欺凌

青少年在受到言语欺凌时，要学会不听那些攻击性的语言。这并不是天真地鼓励你去忽视真正的问题，而是建议你倾听事情的本质，听听人们真正想说什么——即便他们说话的语气非常差。聆听方式不仅决定了你听到的内容和你的感受，同时也决定了事态的走向。

首先，你可以尝试要求对方暂停。（“我们这会儿都太生气了，没办法交谈。我们都冷静冷静，等会儿再说吧。”“我这会儿太烦躁了，根本不想说这件事。我需要静一静。”）无论哪一方感到太生气或太烦躁，没有办法冷静和负责地解决问题，“暂停”都是非常必要的。可以在情绪平复一些后再来解决矛盾。

其次，对嘲笑和捉弄不加理会。如果受到的欺负不是打骂，而是嘲笑和捉弄，要用严肃的目光注视对方，并明确地表达：“我不喜欢你这样嘲弄我，希望你以后不要这样。”然后走开，对对方进一步的嘲笑不予理睬。[①]

同时，要学会管理好自己的情绪，千万别让情绪控制了你。当你听到有同学叫你绰号，也许你会感到很生气，这时先不要急着去和对方争吵，更不要有肢体上的冲突，先让自己冷静下来，做几个深呼吸，默默地走开，等自己的情绪稳定下来后再想办法解决问题。[②]

最后，拒绝忍受凌辱。（“你说出那些话，我受到伤害了。”“你可以生我的气，但是你不能打我。”）如果一方使用言语、身体或情绪的凌

---

① 参见［美］安得鲁·克莱门斯：《恶霸终结者》，康燕燕译，安徽少年儿童出版社2017年版，第55页。

② 参见林甲针、周光项等：《让孩子远离校园欺凌》，福建教育出版社2020年版，第87页。

辱，另一方有权拒绝接受这些凌辱。如果你觉得对方说的话或者取的绰号伤害了你，你可以明确告诉对方自己不喜欢这样，自己的感觉很糟糕，希望对方不要再这样对待自己。①

“事实胜于雄辩，坚持实事求是，谣言不攻自破。”时刻用这句话鼓励自己，正如冯梦龙所说，“毁誉从来不可听，是非终久自分明”。

要有坦然的心境，学会容忍，用精神胜人。古语有云：“今日能容天下之谤者，他日乃能受天下之誉。”面对那些无关紧要的流言蜚语，不理不睬，记住，身正不怕影斜，脚正不怕鞋歪。谣言自会不攻自破，永远到达不了真理的彼岸。

面对言语欺凌，最重要的是保持淡定的心态，学会宠辱不惊。须知，欺凌者的目的就在于借助语言在心理上折磨被欺凌者。因此，不妨将对方的羞辱当作一种能力的训练，一方面淡然处之，形同不闻；另一方面学会自我反省，想一想自己是不是真的存在这样的问题，有则改之，无则加勉。在此基础上，也要认清一味地忍让只会助长对方的气焰，可以心平气和且无畏地反击对方，给对方以回应，必要的时候还可以寻找法律途径来维权。除了用以上方法应对来自欺凌者的言语羞辱，青少年在平时还要学会肯定自己，调整自己的心态，让自己以健康、良

① 参见［美］芭芭拉·科卢梭：《如何应对校园欺凌》，肖飒译，华东师范大学出版社 2017 年版，第 182 页。

好的心态面对校园中发生的一切。这样一来，那些欺凌者的言语羞辱就失去了作用。对方发现达不到自己的目的，自然会无趣地离开。[①]

（二）被人威胁、恐吓时，巧妙应对恶意攻击

青少年在校园生活中遇到别人的威胁、恐吓、恶意攻击时，要学会察言观色，不要因为想保护自己而激烈反抗，一定要采取智力取胜的方式。在最大限度地保护自己的同时，做到心平气和地与对方沟通交流，注意自己的语言表达，不要因为害怕激怒对方而低着头说话，不敢正视对方的眼睛，这样只会让对方看出你的害怕。如果对方人数较多，难以摆脱，可以在不伤害自己或是避免更大伤害的前提下先答应对方的要求，尽快离开欺凌发生的现场。此外，将前因后果、发生过程尽快告诉家长或者老师，必要时可以打报警电话进行求助。请相信家长和老师都会最大限度地保护你的安全，不会让你再次受到校园欺凌的伤害。[②]

① 参见张仁贤总主编，李纯青、解孟林主编：《校园欺凌的应对与预防》，世界知识出版社 2017 年版，第 51 页。

② 参见刘晓巍主编：《反校园欺凌与暴力学生手册：中学版》，西北工业大学出版社 2017 年版，第 19 页。

（三）面临校园敲诈勒索时，机智斡旋与沉着应对

1. 不要马上答应对方的要求。如果有人向你敲诈勒索钱物，你暂时又无法脱身时，不要轻易答应对方的要求，可以借口身上没钱，约定时间地点再“交”，然后立即报告公安机关。要相信警方能为你提供安全保护，只有在这样的情况下，坏人才不敢威胁侵害你。如果屈服于对方，使敲诈者轻易得手，他们会永远盯上你这只“肥羊”。

2. 沉着冷静、随机应变。遭遇校园敲诈时要沉着冷静，并想方设法与对方周旋，拖延时间，使自己能够看清楚对方的相貌特征和周围的环境情况，以便自己从容不迫地寻找脱离险境的有利时机。

3. 注意保护自身安全。在未脱离险境的情况下，切不可当着欺凌者的面声称要报警，以免遭到人身伤害。青少年在遇到校园抢劫时，如果没有十分的把握，一般不提倡采取正面防卫措施。从自身安全角度考虑，一定不要鲁莽行事，而要沉着冷静，随机应变，寻找机会脱离险境。尽量避免或减少不必要的伤害。①

如果在路上遇到曾经对你进行强索、敲诈勒索的人跟踪怎么办？（1）要表现出镇静的神态，不要让对方发现你已经知道他在跟踪你。（2）要去附近人多的地方，如闹市区、火车站、大商场。不但人多易于摆脱对方，而且还可以寻求警察、保安的帮助。（3）打电话或发短信给朋友，最好是能很快赶到的人。（4）迅速打车离开。不要上公交车，除非你能保证把他甩在车外，并且不会在下一站等你。（5）利用一切可以反光的物体，如商店橱窗玻璃、汽车挡风玻璃，或者是路灯投下的自己和他人的影子，或者是其他光源下的影子，来确定自己和背后跟踪人的距离。（6）进入一个建筑物或者是公共场合，先看看距离自己最

---

① 参见包头市《公民安全知识读本》编委会编著：《公民安全知识读本》，内蒙古科学技术出版社 2017 年版，第 59 页。

近的出口在哪里，有几个出口，装作无意识地扫视四周，看看是否有人偷偷注视你。①

比较严重的情况是上下学路上遇到的抢劫，不要惊慌，应机智应对。针对当时的情形，可以灵活采取不同的对策。如果直接拒绝抢劫者，可能会激怒他，进而使抢劫者对你的人身安全造成威胁。因此，除非环境对你有利，否则不要选择“硬碰硬”，尤其是在抢劫者情绪已失控的情况下。在四顾无援的情况下，干脆地掏钱给对方，甚至打开钱包让对方看一看，这样他就死心了。②

（四）被孤立、受排挤时，积极建立社会联结

受到校园欺凌的青少年或多或少会存在社会交往的问题，不懂得如何与朋友交往，不知道怎样才可以交到朋友。而且，受欺凌者很多时候都是一个人独来独往，没有朋友支持的受欺凌者很容易成为他人嘲笑的对象，所以交朋友对于青少年来说是一件非常重要的事情。遭受校园欺凌的青少年会对社交有些抗拒，需要在教师的辅导下学习如何正确交友，维持自己的友谊；需要获得家庭、同伴和

① 参见金浩主编：《麦芒的金钟罩：中学生校园安全知识读本》，上海大学出版社2013年版，第16页。

② 参见苗雨编著：《青少年安全自护手册》，中国妇女出版社2016年版，第109页。

学校的支持。[①] 具体来说：

1. 学习交往技巧，不断优化自己的性格。读一些有关交往的书，同时，多参加正当、良好的交往活动，在活动中逐步培养自己开朗的性格。要善于与别人交往，虚心听取别人的意见，同时要有与任何人成为朋友的愿望。这样，在每一次交往中才会有所收获，丰富知识经验，纠正认识上的偏差，获得友谊，愉悦身心，重树自己在大家心目中的形象。长此以往，你就会越来越喜欢交往，喜欢结群，变得随和了。可以从结交一个性格开朗、志趣高雅的朋友开始，处处跟着他学，并请他多多帮助。[②]

2. 主动参与班级活动。走进一个新的集体，全新的环境、陌生的面孔、不熟悉的生活方式，很容易让人感到孤单无助、人情冷漠，觉得不适应。但如果你能迅速融入班集体当中，当你成功时有人祝贺你，当你

① 参见方刚主编：《让欺凌归“零”——终止校园欺凌工具包》，中国社会科学出版社 2018 年版，第 230 页。

② 参见于丹丹、郭美光编著：《中学生交往指南》，吉林人民出版社 2010 年版，第 103 页。

失败时有人鼓励你，当你有困难时有人帮助你，这种集体的归属感和温暖感将大大预防你被同学孤立和欺凌。你需要积极参与班级建设，主动为班级事务出谋划策、添砖加瓦；积极参加班级组织的秋游、运动会、演讲比赛等各项活动，增进对同学和老师的了解；关心周围的同学，在同学需要帮助时主动伸出援助之手。①

（五）遭受身体欺凌时，灵活应对，勇敢自保

1. 学习正当防卫，适时自我保护

青少年在面对身体欺凌时，可以采取灵活的自卫方式，用智慧求生存。不仅要勇于面对，而且要掌握自我保护的技巧。在遇到突发事件时，在力量对比悬殊的情况下，应该开动脑筋想办法，利用一切可以利用的条件与欺凌者进行周旋，用智慧避免自己受到伤害。②

面对突如其来的身体欺凌，首先不能以死相拼，其次是头脑要保持冷静。如何保证自己的安全，是最核心的问题。在保证自己安全的前提下向外界发出求救信号，此乃上策。如果不能发出求救信号，就只能用拖延战术，期待事情出现转机，这是中策。如果事情真的没有转机，就尽量把损失减到最小，并记住欺凌者的特征，以便事后报案，这是下策。上策是与对方打“心理战”，让对方打消进一步进行暴力伤害的念头，或者让自己获得脱险的机会。③

欺凌者有可能带着利器，如刀子、棍子、鞭子、绳子、电棒、石头。而青少年的书包里除了书本，没有别的东西，一旦事件升级，他们就可能用这些利器来对付你，而你赤手空拳肯定会吃亏。因此，面对这

---

① 参见张天清主编：《青少年心理自助成长 100 问》，百花洲文艺出版社 2018 年版，第 226 页。

② 参见杭天春、郑坚、陈仲达编著：《当我面对危险时——青少年的自我保护》，科学普及出版 2013 年版，第 9 页。

③ 参见于启斋、李琳编著：《危急时刻会逃生：危险自救故事与启迪》，山东教育出版社 2016 年版，第 17 页。

样的情况，不管你有多么勇敢，直接反击和对抗都是下下策。大丈夫能屈能伸，以卵击石是不明智的行为。三十六计，走为上计，一定不要惹怒对方，要采取息事宁人的态度，先躲过去再说。

在电影《阿甘正传》里，当阿甘被别的孩子欺负的时候，他的做法就是拼命跑，他的腿上有矫正带，一开始跑不动，后来他使劲挣脱了束缚，跑开了，奔跑就此成了阿甘成长的一个重要方法。当欺凌发生时，青少年可以效仿阿甘尽力地奔跑，冲出欺凌者的包围圈，甩开他们。[①]

正当防卫是法律赋予公民的一项权利，也是向犯罪行为斗争的重要手段。公民对因实施正当防卫行为而给对方造成的伤害，不负法律责任。为了使公共利益、本人和他人的人身或其他权利免受正在进行的不法侵害，而对实施侵害的人所采取的必要的防卫行为，就是正当防卫。例如，当歹徒举刀砍向你时，你用铁棒将其打伤或打死；妇女为了免遭强奸而把犯罪分子打伤甚至打死，这些都是依法正当防卫。由此可见，正当防卫是广大青少年在遭到校园欺凌和暴力侵害时，进行自我保护的重要武器，大家要学会运用这一武器，在必要和可能时，保护自己的人身和财物安全。[②]

① 参见宗春山：《大夏书系·少年江湖：校园欺凌的预防和应对》，华东师范大学出版社 2018 年版，第 179 页。

② 参见史毅军编著：《青少年自我保护能力的培养》，现代出版社 2011 年版，第 36~37 页。

法律链接

《刑法》

第 20 条 【正当防卫】 为了使国家、公共利益、本人或者他人的人身、财产和其他权利免受正在进行的不法侵害，而采取的制止不法侵害的行为，对不法侵害人造成损害的，属于正当防卫，不负刑事责任。

正当防卫明显超过必要限度造成重大损害的，应当负刑事责任，但是应当减轻或者免除处罚。

对正在进行行凶、杀人、抢劫、强奸、绑架以及其他严重危及人身安全的暴力犯罪，采取防卫行为，造成不法侵害人伤亡的，不属于防卫过当，不负刑事责任。

青少年在进行正当防卫时必须注意两点[①]：（1）在加害人没有威胁到自己生命安全的时候，不宜采取正当防卫，以免产生不良后果。即使在生命安全受到威胁的情况下实施正当防卫，也要尽量采取巧妙的方法，讲究“斗争艺术”。因为青少年势单力薄，直接侵害发生，加害人已近在眼前，首先要保持精神上的镇定和心理上的平静，克服畏惧、恐慌情绪，冷静分析自己所处的环境，对比双方的力量，用智慧和勇气来保护自己。（2）正当防卫给侵害者造成的损害要有一定的限度，超过这个限度，就会走向反面，可能受到法律的惩罚。

为了防止出现这种情况，在实施正当防卫时要记住：（1）正当防卫必须是针对不法侵害行为实施的，如果对方只是口头威胁而没有行动，

① 参见房余龙：《青少年自我保护手册》，苏州大学出版社 2012 年版，第 156~157 页。

你就不能采取正当防卫。（2）正当防卫必须在不法侵害行为正在进行的过程中实施。若对方已停止不法侵害行为，你也不得继续采取正当防卫行为。（3）正当防卫的目的是保卫公共利益、本人或者他人的合法权益。如果为了伤害对方而故意挑逗对方向自己进攻，然后再以此为借口来进行“防卫”，达到伤害对方的目的，这就不属于正当防卫而是违法行为了。[①]

为了帮助青少年更好地区分正当防卫与防卫过当，下面看两个案例：

案例一

【正当防卫】某一天，张某在回家路上遇到社会青年田某，田某持刀胁迫张某交出身上财物，张某逃跑，结果跑到了一条死胡同。田某追击而至，情急之下张某抄起身边的木棍向田某挥去，田某受伤倒地。

① 参见史毅军编著：《青少年自我保护能力的培养》，现代出版社 2011 年版，第 36~37 页。

案例二

【防卫过当】王某是一名女性，在某天晚上回家的路上，陌生男子葛某从暗处冲出，将其扑倒，准备实施强奸。王某在惊慌之中，掏出身上的水果刀，捅伤葛某。葛某失去了继续施暴的能力后，王某因担心葛某未死，以后报复，持刀继续刺向葛某，导致葛某死亡。[①]

2. 学习急救常识，及时自我救护以降低欺凌带来的身体伤害

对于校园欺凌造成的小外伤，可以采取下列措施：如果伤口小而浅，只要把手指举高，捏住指根两侧，出血即可止住。然后用生理盐水清洗伤口，让伤口保持干净。再用无菌纱布或干净布覆盖伤口，压迫止血大约 10 分钟可以使伤口闭合，再盖一块纱布加以固定。等到第三天看看伤口，如不化脓，再用酒精消毒伤口四周的皮肤，包扎好即可。

如果伤口很深或较大，出血严重，或者发现有感染时，迅速用干净衣物、纱布包扎，控制出血，马上去医院治疗。去医院途中应尽量止血，并保护伤口，可用消毒纱布压迫或包扎伤口，切忌乱用药。[②] 尤其是对于刺伤深的情况，有可能伤及血管、神经、内脏，刺入物不能随意拔除，应用绷带固定物体防止它活动，伤口包扎应松紧适度，防止移位、脱落，间隔一小时应松开包扎带几分钟，并拨打“120”送到医院处理。

---

① 邓验主编、赵林涛编：《共享阳光·留守儿童读本（六年级上册）》，湖南教育出版社 2016 年版，第 36 页。

② 参见滕红琴、赵惠敏主编：《青少年自我保护完全手册》，中国时代经济出版社 2006 年版，第 101 页。

知识窗

出血性外伤应急小贴士

贴：小伤口，无污染，用创可贴即可。

洗：外伤面积较大时，立即用肥皂水或清水将伤口上的泥土清洗干净。

压：用棉签、纱布紧压在伤口处，保持15分钟以上。

送：出血多时，立即送就近的医院处理。

当出现关节扭伤时不要马上按摩推拿。因为刚扭伤的关节周围的肌肉纤维、韧带和毛细血管可能已损伤破裂，马上按摩推拿扭伤的关节，会使更多的血液从血管中流出，以致肿包扩大，伤势加重。正确的急救方法是：将扭伤的关节立即浸入5℃~10℃的冷水中，或用毛巾冷敷，促使毛细血管发生反射性收缩，并抬高扭伤关节的体位，限制它的运动，使患部血流量减少，防止包继续扩大。等到两三天后，毛细血管损伤愈合、血液不再外渗，再进行按摩推拿，以促进受伤部位的血液循环，加速炎症消退。这时还可以适当运用活血药物和热敷来增强疗效。①

知识窗

应急小贴士

1.鼻出血：头向后，用手指捏住鼻头，再用毛巾冷敷。

2.骨折：静止不动，找两块平整的木板将受伤的部位夹住，冷敷止痛，并把患部抬起高于心脏。立刻送医院医治。

① 参见房余龙主编：《青少年自我保护手册》，苏州大学出版社2012年版，第182页。

3. 撞伤、碰伤：不要口服止疼药，不要用手按凸起的部位，以免导致内出血。

4. 割伤、划伤：压住伤口止血，如果伤口很大很深，就要把受伤部位抬高，高于心脏，冷敷止血。洗干净伤口（用温水、肥皂），涂药或贴上创可贴。如杂物不好清除或血流不止，就必须上医院。

5. 眼部受伤：闭上眼让泪水自动分泌、冲洗眼睛。受到重击后，应冷敷。①

（六）理性远离网络世界的阴暗面

预防网络欺凌，青少年要学会合理使用网络，适可而止。玩网络游戏时，在享受游戏带来的娱乐感的同时，要把握分寸和限度。可以在开

① 孙云晓主编：《中国青少年自我保护手册》，中国文联出版社1999年版，第86~87页。

始玩游戏时就给自己定下时间限制，并坚决执行；如果自制力比较差，可以让家长帮忙监督。应该让家长及老师知道你正在玩的网络游戏，帮助你严格把关，以免让自己不知不觉地陷入不良的暴力游戏中而影响身心健康。

此外，青少年要学习辨别网络语言暴力。面对网络上发表的具有攻击性的暴力语言，如果我们自己不能辨别真伪，就可能轻信它。不能盲目跟风发表一些刺激性、讽刺性的评论，可以和家长共同探讨或者干脆不予理睬。

避免接触不良同伴，以免受到蛊惑而尝试一些暴力游戏。当受到不良同伴教唆时一定要冷静下来，坚决拒绝其邀请，如有必要可报警求助，这样也能让自己免受暴力侵害。①

开展积极健康的网络活动，加强自身的责任意识。目前社会上已经有一些机构利用青少年对计算机的兴趣和对网络的技术特长，培养青少年的社会公益意识、创新并提升网络的社会服务方式，红十字青少年网络平台的建立和青少年网络扶贫志愿服务活动就是很好的例子。通过志愿活动，青少年能够更好地认识自身的社会责任，积极践行传承人道、博爱和奉献的精神，以青春力量向社会传播正能量，宣传绿色健康、昂扬向上的精神，为实现中国梦贡

① 参见中共河北省网络安全和信息化领导小组办公室主编、马丁著：《青少年网络安全教育读本》，河北科学技术出版社 2014 年版，第 68~69 页。

献青春力量。[①]

三、事后修复：被欺凌后心理调节与行为应对

请他走，再见珍重，不迭不送，然后振作地过生活。

——亦舒

校园欺凌会给青少年带来很多层面的伤害，身体上的伤害可以请医生帮忙医治，但更长期的伤害往往来自内心受到的心理伤害。这种心理伤害大部分是由不断涌现的负面情绪造成的。

心理学家认为：人不要无限地压抑情绪，而应使情绪得到适当的宣泄。由失败引起的不愉快情绪在经历一段时间积蓄后，最好得到宣泄。方法是：可以向知心朋友倾诉你的苦闷，还可以把自己的不快写进日记，写进给朋友的信中。总之，要把不愉快的、压抑的情绪抛到自身之外，以减轻精神上的负担和压力。发泄的对象、地点、场合和方法要适当，避免伤害他人。在感到心烦意乱的时候，不妨想象一池清水、一丛绿林、一片蓝天等让人感觉清凉的事物，平静一下心情。[②]

受害、受骗后的自我救护和自我心理疏导也很重要。人生在世总希望平平安安，但由于种种原因，很多时候伤害会不可避免地发生。就像小时候我们学习走路时总会跌倒一样，那些受害、受骗的经历也是成长的一部分，是为了成长需要付出的代价，是我们向社会这所大学交纳的

① 参见本书编写组编：《青少年法律知识学习读本》，新华出版社 2016 年版，第 52~53 页。

② 参见袁磊编著：《生命之眼——如何塑造青春期的灵魂》，中国商业出版社 2009 年版，第 29 页。

“学费”，所以还需正确看待那些发生在我们身上的伤害性事件。在受害、受骗发生以后，重要的不再是伤害本身，而是你对伤害的理解和认识。同样的事件可以把一个人击倒，使他一蹶不振；也可以让一个人奋发，从伤害中吸取教训，武装自己东山再起。因此，受到伤害后的自我心理救护和自我心理疏导，也是学习保护自己的重要内容。

应对校园欺凌，需要提升每个人的情绪调节能力。这不仅可以帮助欺凌事件的受害者走出阴影，也可以帮助他们激发勇气与校园欺凌进行斗争。

（一）不要忍气吞声、委曲求全或选择沉默

曾经一定有那么一个时刻，我们都可以大声说不。但不知为何，我们错过了。

——［英］汤姆·斯托帕德

校园欺凌和校园暴力事件具有随机性，许多青少年因此产生了恐惧和焦虑。有些同学不敢把事情告诉家长和老师，更不敢报警，甚至警方破案后也不敢出面作证，成为“沉默的羔羊”。忍气吞声往往会导致新的欺凌和暴力事件的发生。[①] 面对校园欺凌时，不能害怕、紧张，更不能用眼泪、求饶作为回应，因为这样可能对施暴者形成“鼓励”，使他们更容易再次施暴。青少年应该义正词严地表达自己的态度，如“不要这样！否则，我就告发你！”态度要坚决、大胆、勇敢。当欺凌者发出“不要告诉别人，否则怎样”的威胁时，受欺凌者要勇敢地把真相告诉别人，不要被施暴者吓倒。说出真相，会收到意想不到的效果。比如，一个同学经常受另一个同学的欺负，对方常把他的

① 参见刘晓巍主编：《反校园欺凌与暴力学生手册：中学版》，西北工业大学出版社 2017 年版，第 9 页。

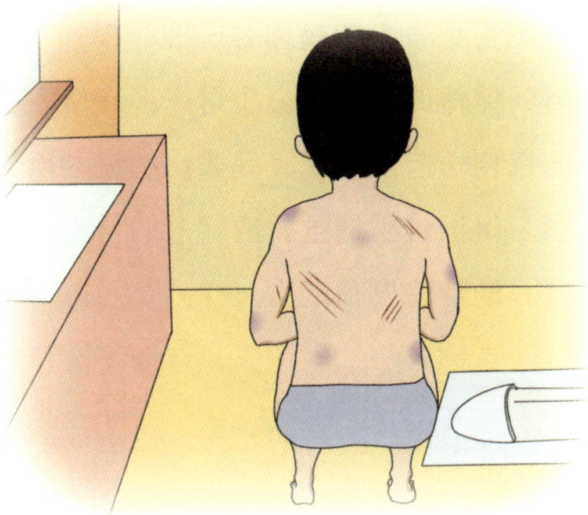

书包、衣服等扔到地上。后来有一天，当这个惯于欺负他的同学走到他面前时，他突然大喊一声："不准你的脏手碰我的东西！"他突如其来的反应吓到了欺负人的同学，也引起其他同学的注意，以后这个欺负人的同学就停止了欺负人的行为。①

遭受校园欺凌时，态度要坚决，坚持要求公平对待。（"我不会不经过你的允许就借用你的笔，也请你在借用我的笔之前经过我的允许。""就因为你比我们跑得快，你每次都在课间独占那个球，这不公平。我们需要找个更好的办法解决这个问题。"）公平的解决方式不一定是完全平等或一致的，但必然是诚实、适当和正义的。②

① 参见金舒编著：《青少年成长必修的7堂挫折课》，安徽文艺出版社2013年版，第133~134页。

② 参见［美］芭芭拉·科卢梭：《如何应对校园欺凌》，肖飒译，华东师范大学出版社2017年版，第182页。

依据《宪法》和其他法律的规定，未成年人主要有以下合法权益应当受到法律保护：受抚养的权利；依法受教育的权利；人格尊严受到尊重的权利；人身自由和人身安全受到保障的权利；合法财产不受侵占的权利；通讯、通信自由受到保护的权利；依法继承家庭遗产的权利；创造发明成果不受剽窃、侵占的权利；对于侵犯自己合法权益的行为有提出控告的权利；检举揭发后不受打击报复的权利。

（二）注意证据的保留

1. 身体欺凌：保留事发地的监控，记住欺凌者的长相，设法获取目击者的证词。如遭到了身体上的暴力攻击，去医院就诊后，请院方开具诊断书。伤情严重时，要进行伤残鉴定，并保留住院材料。

2. 言语欺凌：用录音笔或手机把侮辱性的言语录下来。另外，受欺凌的青少年平时写的日记或涂鸦文字，欺凌者发来的恐吓短信、社交网络平台发布的内容、恶意留言等，都要进行截图和保存。①

3. 社交欺凌：借助旁观者的证词或请求老师帮忙获取证据。访问可提供旁证的同学时，要做好录音，尽量请对方写一份陈述书。遇到这种事，旁观者很有可能前后表述不一，所以要尽可能早点找他们沟通交流。

4. 财物欺凌：把对方索要财物的话录下来作为证据。

5. 网络欺凌：欺凌者往往会上传被欺凌者的不雅照片、视频或者在网上指名道姓地辱骂被欺凌者，青少年可以通过截图保存欺凌者上传的信息，保存欺凌者的账号信息等。②

---

① 参见陶红亮编著：《中小学生预防校园欺凌知识读本》，应急管理出版社2019年版，第81页。

② 参见陶红亮编著：《中小学生预防校园欺凌知识读本》，应急管理出版社2019年版，第81页。

6. 性欺凌：包括性相关的语言、动作或者衣物证据，条件允许的话可以把语言录下来。注意保护现场，保存污染的内衣内裤、精斑血迹擦拭物、作案者遗留物，并及时提供给侦查人员，以便追查认定犯罪嫌疑人。

（三）知晓受欺凌后的求助渠道

别怕暴露自己的脆弱。脆弱不会让你显得软弱，却会让人能够接近你。要知道，脆弱可以成为力量。

——［美］基思·法拉奇

寻找能够理解自己的对象，把闷在心里的苦宣泄出来，求得他人的疏导和指点，是调节情绪的明智之举。咨询的对象可以是父母、老师、好友，也可以是专业的咨询机构。青少年受人欺凌后，一定要向以下合适的对象求助：①

1. 家长。青少年在受到欺凌后，要第一时间告诉父母。要相信父母是爱我们的，他们并不希望看到我们被欺负。而且，父母生活经验丰富，处理事情比较冷静，能够清晰、有条理地分析问题。当青少年告诉父母自己受欺凌之后，父母会帮助你分析

① 参见陶红亮编著：《中小学生预防校园欺凌知识读本》，应急管理出版社 2019 年版，第 87 页。

被欺凌状况，出面跟学校沟通，帮助你重新建立自信。

2. 老师。学校里有校长、班主任、老师，青少年在受欺凌后可以向他们求助。通常情况下，校长、班主任会很重视校园欺凌事件，因为他们有责任和义务保护每个学生的校园安全，

给学生创建健康的学习氛围。青少年被人欺凌后，可以把事情的经过、自己的想法告诉校长、老师，请求他们帮你分析指导。

3. 同学或知心好友。如果你一个人不敢告诉老师，可以寻求周边相熟的同学或朋友帮助，与你一起去求助。接受了别人的帮助，不要忘了告诉他们，你对他们的帮助是多么的感谢，千万不要使你的朋友觉得你对他们的好意视而不见。当你意识到朋友们为你提供的帮助和支持时，就应当第一时间对他们说“谢谢你”。或者告诉“对你做的这件事，我特别感激”。你还可以说“这件事儿真好”。

4. 心理咨询师。对于很多心理和精神能量不那么强大的人来说，想要抵抗住生活中突发事件带来的压力，有时候会有些困难，特别是遭遇

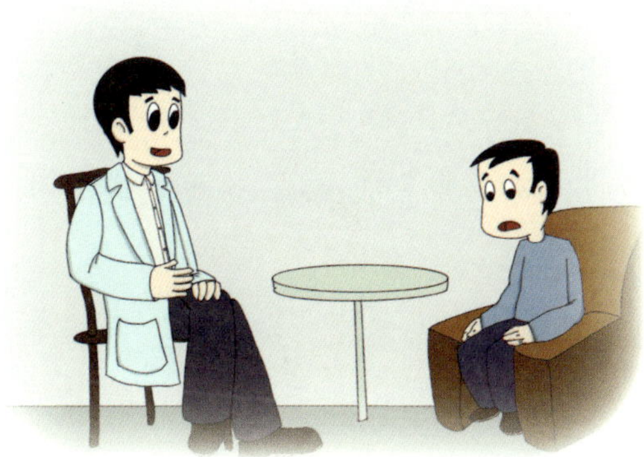

意外伤害的时候，仅仅依靠自己的力量来渡过难关并不太容易，这个时候就需要请求外界的援助。其中，心理咨询是一项重要的措施。在心理工作者的心理疏导和干预下，处于危机中的人能够更快认清问题实质、重建信心、发挥自己的能力和潜力、恢复心理平衡并得到成长，可以更加透彻地分析问题、了解问题，然后解决问题。[①] 心理咨询师会认真倾听问题，客观地分析问题，提出科学的指导意见，有效疏导当事人的心理问题。

5. 公安机关等。如果欺凌事件比较严重，可以向公安机关等求助，用法律保护自己。关键时刻请拨打“110”报警。在保证自身安全的情况下，应立即报警。报警时，要清楚地说出事发的时间、地点、事件起因、现场的具体情况等（哪个区、哪条路、哪个住宅区或哪个大厦、第几栋楼、第几层）。[②]

① 参见邹建章：《抗逆力》，吉林文史出版社2019年版，第231页。

② 参见毛振明、孙璞、何卫国主编：《全国中小学生安全教育教材（高中二年级）》，华文出版社2014年版，第73页。

知识窗

报警电话：110，当你遇到危险或紧急情况时拨打。

消防电话：119，在遇到火灾、危险化学品泄漏等情况时拨打。

急救电话：120，在自己或身边的人发生急危病症、灾害事故等情况时拨打。

遇到危险或灾害时不要慌张，赶紧拨打求救电话，详细说明现场位置和基本情况，等待救援。平时不要随便拨打求救电话！①

6. 拨打“12355”青少年综合服务热线，该热线由共青团设立，为青少年提供心理、法律咨询。“12355”是围绕心理咨询、情感咨询、校园欺凌、法律援助、心理疏解、困难帮扶、成长指引等综合性服务而设置的心理咨询和法律援助电话。

资料窗

部分地区青少年学生心理援助热线

北京清华大学公益心理服务青少年专线：400100525-2

天津心理援助热线“帮帮我吧”：022-88188858

上海心理援助热线：021-962525

哈尔滨未成年人心理咨询热线：0451-96311

乌鲁木齐心理援助热线：0991-3016111

① ［美］查尔斯·安德鲁：《儿童安全教育系列：哼哼学堂之自我保护》，BSG 译，浙江摄影出版社 2018 年版，第 22、24 页。

郑州妇女儿童活动中心心理咨询热线：0371-67175885

济南学生心理关爱热线：0531-87-525-525

湖州青少年心理援助热线：0572-2251885

银川教育系统心理咨询热线：0951-5032737，0951-5032817

宜兴未成年人心理指导热线：0510-81796111

南京晓庄学院陶老师热线：025-84724111

昆明心理危机研究与干预中心热线：0871-65011111

贵阳逆行心理援助热线：400-9659-580

武汉教育部华中师范大学心理援助热线：027-59427263

荆门未成年人心理健康援助热线：400-166-7116

重庆心理援助热线：023-12320-1

福州青少年事务社工机构心理咨询热线：0591-26209901

厦门学生心理援助热线：0592-5258185

广州心理危机研究与干预中心热线：020-81899120

汕头心理援助热线：0754-87271333

海南心理援助热线：0898-96363①

总之，要善于依靠家庭、学校、社会及司法机关，保护自身的合法权益。《未成年人保护法》规定，国家、社会、学校和家庭，应当教育和帮助未成年人运用法律手段，维护自己的合法权益。所以，当未成年人的合法权益受到侵犯时，要根据不同的情况和程序，向学校教师和家长（或其他监护人）汇报，取得他们的帮助；可以向有关单位或部门报告，以求得公平合法的解决；也可以直接向各级人民政府的未成年人保

① 参见新东方德育中心：《全国各地部分免费心理咨询热线 1》，载新浪博客 2008 年 7 月 7 日，http：//blog.sina.com.cn/s/blog_53699dc001009zpw.html。

护委员会检举、报告，勇敢地向各级公安部门、司法机关提出申诉和控告，以便得到法律的保护。

（四）合理发泄，杜绝“以暴制暴”

受到欺凌的青少年不要把委屈憋在心里，可以找个自己信任的、可以倾诉的朋友，把心里的不快和委屈说出来。还可以通过撕废纸或在草稿纸上乱涂乱画来发泄情绪。但是，千万不能把情绪发泄在比自己弱小的同学身上，这样会给他们带来心理阴影。就像古印度经文《古拉尔箴言》所说，这是心中最纯粹的原则，即永远不要去伤害他人，即使他们本身看起来已是面目可憎。仇恨他人，即使是无故伤害了你的人，也只能带来无尽的悲伤。[①] 校园中也曾有以暴制暴带来的悲剧：广东省某中学学生张某、王某在教室内发生争吵，张某被王某扇了一巴掌。张某感到在全班同学面前受到了奇耻大辱，就回家取了一把匕首，在校门口等候，伺机进行报复，其好友多次劝阻无效。王某放学后在校门口被张某在左肋处用刀猛刺，受伤倒地，后经抢救无效死亡。[②]

因此，与人为恶就像播种杂草的种子，杂草丛生会扼杀周围的一切美好。与人为善就像播种花种，有一天种子会发芽怒放，供人欣赏。不要让杂草蔓生，我们已经有够多的恶意相向了。相反，要尽可能多地播撒友善之种，并且一定要花时间去欣赏这些种子开出的花朵。

出于报复心理对欺负自己的人进行还击，在打斗中不但会导致自己及对方的身体受到伤害，长期相互报复形成恶性循环，还会影响双方正常的学习生活。暴躁和冲动并不是力量的体现，而是缺乏涵养、不

① 参见［美］芭芭拉·科卢梭：《如何应对校园欺凌》，肖飒译，华东师范大学出版社 2017 年版，第 188 页。

② 参见毛振明、孙璞、何卫国主编：《全国中小学生安全教育教材（初中三年级）》，华文出版社 2014 年版，第 52~53 页。

能控制自己的代名词，体现的是人格上的软弱。以暴制暴就像一种毒液，看起来是喷洒到别人身上，其实可能引火烧身。以暴制暴往往让人失去理智，更可能使人失去解决冲突和问题的良好机会。一时的暴力，可能意味着事后还要付出高昂的代价，或者造成永远不可弥补的伤害。记住，以暴制暴能解决的事情一定有其他的解决途径。[①]

（五）消除心理阴影，笑对未来

生活不是诗，而是一块粗糙的石，磨得叫人痛，但也更有光彩，更为坚实。人的一生都会沾上一些黑点，只要我们在适当的地方将黑点调节起来，加上休止符，黑点就变成了一首美丽和谐的音乐。

——聂华苓

1. 调整心态，相信别人。青少年受到欺凌，有心理阴影之后，不要把自己与其他人隔离，而应调整好心态，主动融入集体，多交朋友。相信并不是每个人都是天生的欺凌者，学会与不同的人相处，适时地调整自己的想法，尝试换一个角度看待问题，有时候你会发现自己的想法转变了，事情或者你的人际关系会随之出现很大的转变。

① 参见刘子非编著：《一生气你就输了》，中国长安出版社2013年版，第29页。

资料卡

当蜘蛛网无情地查封了我的炉台，
当灰烬的余烟叹息着贫困的悲哀，
我依然固执地铺平失望的灰烬，
用美丽的雪花写下：相信未来。

当我的紫葡萄化为深秋的露水，
当我的鲜花依偎在别人的情怀，
我依然固执地用凝霜的枯藤，
在凄凉的大地上写下：相信未来。

我要用手指那涌向天边的排浪，
我要用手掌那托住太阳的大海，
摇曳着曙光那枝温暖漂亮的笔杆，
用孩子的笔体写下：相信未来。

我之所以坚定地相信未来，
是我相信未来人们的眼睛——
她有拨开历史风尘的睫毛，
她有看透岁月篇章的瞳孔。

不管人们对于我们腐烂的皮肉，
那些迷途的惆怅，失败的苦痛，
是寄予感动的热泪，深切的同情，
还是给以轻蔑的微笑，辛辣的嘲讽。

我坚信人们对于我们的脊骨，
那无数次的探索、迷途、失败和成功，
一定会给予热情、客观、公正的评定。
是的，我焦急地等待着他们的评定。

朋友，坚定地相信未来吧，
相信不屈不挠的努力，
相信战胜死亡的年轻，
相信未来、热爱生命。

——食指《相信未来》

2. 加强锻炼，提高身心健康水平。青少年要加强锻炼，努力使自己身体强壮起来，内心强大起来，感受到自己的力量，重新评估自己的能力和价值，相信自己有能力面对和解决这些问题。

你可以先列一张清单，把本周发生在你身上的所有坏事都写下来。认真研究这张清单，看一看自己在这些事情中的情绪反应和行为表现，反观自身的问题。然后，再把最近发生在自己身上的好事以及自己值得骄傲的一些品质也列出来。是不是一切都一目了然了?

3. 定期进行心理咨询。青少年出现心理问题后，可以向学校心理老师咨询，根据他们的意见用科学的方式进行心理调节，并定期向心理老师汇报自己的情况。

4. 转移注意力，充实自己。受到欺凌的青少年要学会转移注意力，全身心地投入某一件事情之中，放松心态，在某件事上证明自己，慢慢地培养自信心，充实自己。

5. 更换环境。青少年如果受到了性欺凌、严重的身体欺凌，可以请求父母换一个全新的环境，离开那个让自己留下阴影的地方。被欺凌者如果一直生活在被欺凌的环境中，很容易触景生情，会在脑海中一次次地回放受欺凌的场景，最终可能会导致心理负担过重，情绪崩溃。[①]

(六)尝试原谅，学会放下

> 更多残害的是心怀仇恨者，而非仇恨的对象。真正伤人的是内心起的变化，而不是他眼中的人：真正受到伤害的是心怀仇恨者那被恨意伤害的灵魂，而不是受到残害的人们。
>
> ——[古罗马]圣奥古斯丁

那些欺凌别人甚至犯下罪行的人，他们的行为告诉我们，他们需要爱。他们软弱，不知道怎样去获得他们想要的爱，只好妄图通过强制手段去获得。然后，他们被审判，被苛责，而这只能使他们更加愤怒、更加抵抗。于是恶性循环愈演愈烈。只有透过表面窥见内核，恶性循环才会被打破。如果你发现有人在经受苦难或责备，需要你的宽慰、救援和

① 参见陶红亮编著:《中小学生预防校园欺凌知识读本》，应急管理出版社2019年版，第83页。

释放，请打开你的心灵之门，学会宽恕与放下。

记住，若有人辱骂你、攻击你，那是因为他们没有安全感。他们觉得自己处于弱势，因而用尖刻的话语来壮大自己，其实他们觉得自己弱小无比。他们将自己的恐惧与不安投射到他人身上；他们会伤害人，是因为他们自己也正在受伤。你可以试着原谅。原谅并不表示欺凌者会改变，也不表示你必须喜欢他们。原谅只代表你想让事情就这样过去。[①]

原谅需要深刻地同情和理解欺凌者，明白他们只是普通人，他们在生活中做出了一个非常糟糕的选择。这不表示欺凌者可以不为自己的行为负责，可以免受道德的谴责，这只表示我们理解，理解他们并不是魔鬼，他们也只是人。只要是人，就会犯错。

① 参见［澳］迈克尔·潘克里奇、［澳］凯瑟琳·桑顿：《对校园欺凌说“不”！如何重新掌控自己的人生》，宋一辰译，中国轻工业出版社 2018 年版，第 184 页。

第三单元　校园欺凌的预防及应对：围观者角度

到头来，我们记住的不是敌人的攻击，而是朋友的缄默。

——［美］马丁·路德·金

一、袖手旁观不可取——看见欺凌，几种表现不可有

围观者行为中，保护者劝说、制止欺凌者，安慰受欺凌者，向老师或警察报告的行为可视为亲社会行为。相反，围观者加入欺凌者、怂恿煽动欺凌者、漠视欺凌、逃离欺凌场所的行为均会对受欺凌者造成伤害。

（一）表现一：局外人、看客

围观者通常是置身事外的旁观者。有的围观者甚至目睹了欺凌的全过程，十分明确在场各方的是非曲直和事情的发生缘由。但受各种主客观条件的影响，他们不表露对欺凌行为的态度，任由欺凌事态的发展，不采取任何的制止性语言和行为，选择置身事外。这种“无为”的态度在实践中往往被解读为默认欺凌行为的继续，不仅直接性地未阻止和缓解被欺凌者承受的伤害，更因欺凌者在施暴

过程中感觉不到任何外部道德压力而使得欺凌行为持续，乃至多次发生。①

大部分围观者在遇见别人受欺凌的场景时，内心也是充满恐惧的，对受欺凌者有同情心理，但是不敢上前制止。比如，一位校园欺凌围观者回忆道："放学后，我随着同学一起走的后门，大家三个一群，五个一伙，很是热闹。在一条巷道旁，我们看到前面有三个六年级男生围着一个低年级的同学，我不太清楚他们因为什么而发生争执，只见其中一个六年级男生抬起脚使劲踹了三年级小朋友一脚。我本想上前劝阻，可看到他们人太多，担心被报复，想想还是走了。"②

鲁迅的小说《药》中有一段对围观的看客的描写：一些革命党人被政府抓到后，会押解到菜市场的刑场砍头，许多人为了治病，特意

① 参见李帆：《校园欺凌中的旁观者及其行为干预》，载《教育导刊》2021年第6期。

② 参见高敏：《校园欺负旁观者行为特征及其影响因素研究》，贵州师范大学2017年硕士学位论文，第44页。

带着馒头过去，待革命党人的人头落地，抢着拿馒头蘸地上洒下的鲜血。“领颈都伸得很长，仿佛许多鸭，被无形的手捏住了似的，向上提着。”鲁迅笔下的看客是冷漠的。他们不知道革命的意义，也不知道生命的价值。

一名面对同伴好友受欺凌而选择沉默的女生回忆，“我很害怕，没有勇气站出来，哪怕说一个字。我站在那里，看着她被欺负，却无动于衷。这场闹剧结束后，那个女生从我面前走了。她一定对我很失望，我们默契地从未提及此事。”

正如长篇青春小说《悲伤逆流成河》中所说：“你们动手的没动手的都一样，你们比石头还冷漠，胆小又怕事，你们觉得自己不会承担任何后果，但其实都是事件的参与者。”

（二）表现二：助威呐喊、煽风点火

有一类围观者表现出一些用煽动性的言语、动作为欺凌者叫好，鼓吹欺凌的行为。这类群体即围观者中的附和者，他们往往认为，只要自己不直接参与暴力行为，便不存在责任上的问题。自己只要处于群体中，责任就会被分担，罪恶感就会降低，反而可以在一旁看热闹。因此，这类群体从众的人数会偏多。这种从众心理只会助长欺凌者的嚣张气焰，而围观者幸灾乐祸的表现，往往也会使受欺凌者陷入更加深重的绝望和无助中之。

小说《悲伤逆流成河》中写道："在一场名为'玩笑'的闹剧中，没有旁观者，只有施暴者"。附和者也是欺凌过程中的被动型欺凌者。当欺凌行为发生时，附和者通常不会参与欺凌，但会在旁边嬉笑、叫好，或说一些煽动性的话语等。与协助者相似，有时附和者也只是想保护自己免受欺凌。

（三）表现三：协助欺凌，助推扩大事态

协助者通常是欺凌过程中的被动型欺凌者。欺凌行为发生时，有时协助者可能会参与部分欺凌的过程。有些围观者之所以成为协助者，主要是借此来保护自己免受欺凌。协助者的具体行为包括拍摄、传播、放哨等。[①]

因此，青少年在面对校园欺凌时，要通报，不要围观。围观或是发出笑声等行为，会助长欺凌行为的进行。唯有主动通报，寻求协助处理，才可以预防事件再发生，同时也可以保护自己的安全。此外，青少年要富有同理心及正义感：落实法治、人权与生命教育，相互尊重，珍惜生命，积极向成年人通报。

---

① 参见教育部基础教育司组织编写：《防治中小学生欺凌和暴力指导手册》，教育科学出版社 2018 年版，第 14~15 页。

法律链接

《民法典》

第1169条 教唆、帮助他人实施侵权行为的，应当与行为人承担连带责任。

教唆、帮助无民事行为能力人、限制民事行为能力人实施侵权行为的，应当承担侵权责任；该无民事行为能力人、限制民事行为能力人的监护人未尽到监护职责的，应当承担相应的责任。

二、发现同学有受欺凌的苗头时，帮助其向成年人求助

阻止者，也称保护者，其态度偏向被欺凌者一方，但是否采取阻止行动，要视情况而定。因此，还可将阻止者再细分为可能保护者和真实保护者。可能保护者认为应该帮助被欺凌者，但是此时不宜采取行动；真实保护者会帮助或尝试通过其他途径帮助被欺凌者，包括直接阻止欺凌过程、向教师报告、鼓励被欺凌者向教师报告等。围观者的不同角色常常随着环境、氛围、外部干预力量等的变化而变化。

青少年在发现有人遭受校园欺凌时，应立即把受欺凌人带到值得信赖的成年人面前，并告诉这个成年人他所对你说的话。根据欺凌（虐待）行为的轻重程度按照校规校纪、报警或者提交到司法机关处理。如果你所找的成年人没有认真严肃处理此事，则应向另外一个成年人求助。

此外，青少年要积极地鼓励受到欺凌的同学，支持他/她，理解他/她的心理和处境。来自同伴的一点点支持，足以让受欺凌的人重新振作起来。

帮受欺凌者建立归属感。归属感是一种潜在的重要缓冲力，可以帮助受欺凌者抵抗同伴的不接纳和孤独感所带来的负面影响。比如，受欺凌者受到人际孤立，你可以帮助他/她在家庭中找到归属感——让他认识到自己的重要性，相信依然有人关心自己、爱自己。

三、发现同学正在遭受欺凌时，见义智为，量力而行

见义勇为是中华民族的优良传统。见义不为、见死不救、明哲保身、自私自利的行为为社会所不齿，是不符合社会主义文明要求的，应该受到社会舆论的批评和责备。但是，见义勇为也应讲科学、讲策略、讲方法。如何以最小的代价、最小的牺牲，换取最大的成功，是需要青少年认真考虑的问题。“见义”时不要冲动，应该保持头脑冷静，好好想想该如何“智为”。

当然，在突发事件中做出正确的判断，采取正确的行动，说起来容易，做到却很难。但难做到不等于做不到，青少年只要平时训练有素，具备应付突发事件的知识和能力，就能做到“遇事不慌，冷静对待”。在社会上发生的许许多多可歌可泣的见义勇为事迹中，有些悲剧是可以避免的，至少伤害程度是可以降低的，那就是要做到见义智为。见义

勇为，可敬；见义智为，可取。[①]

青少年在帮助别人的同时，先要考虑自己的生命安全。所以，运用方法和智慧，既帮助别人，又很好地保护自己，才是最好的方式和途径。[②]新修订的《中小学生守则》已不再倡导中小学生“敢于斗争”，而是倡导要“珍爱生命，注意安全”。因此，虽然“见义勇为”是中华民族的传统美德，但是青少年首先要学会保护自己，珍爱生命。不一定非要流血牺牲才是英雄，智斗歹徒，不受伤害而将坏人绳之以法更值得表彰颂扬。[③]看到别人成为欺凌事件受害者时忽视欺凌的存在，是弱者的行为。虽然面临的情境不同，但解决方法基本是一致的，即应该在保证自身安全、不受伤的前提下，设法帮助受欺凌者。如果你有足够的实力，可以站出来为被欺负的同学出头，[④]如果你觉得自己不能直接与欺凌者抗衡，可以找老师或其他成年人到现场制止，也可以给予受欺凌者安慰和支持。

---

① 参见杨翔、黄步高主编：《法治教育（六年级下）》，湖南教育出版社 2016 年版，第 66 页。

② 参见吴牧天：《管好自己就能飞》，接力出版社 2018 年版，第 198 页。

③ 参见王丹编著：《父母送给子女的 13 岁礼物》，中国财富出版社 2012 年版，第 184 页。

④ 参见李小宁、张大生主编：《校园欺凌与暴力防治实用手册·下》，红旗出版社 2017 年版，第 588 页。

四、仗义执言，知晓欺凌现象的举报渠道

一些青少年对于欺凌事件并不是无动于衷，他们的冷漠和旁观一定程度上是担心自己会因为举报校园欺凌，而成为下一个被欺凌的对象。

很多想要举报欺凌行为却不敢行动的青少年都是因为担心其他人发现自己的举报行为，但你要相信学校。学校知道，要想让你使用这种举报制度，他们需要你以及你的同学的信任。他们一定不想破坏这种信任。

匿名的校园欺凌举报箱是个很好的解决办法。不仅能够解决本次被欺凌现象，最主要的是可杜绝此类现象再次发生。学生不会在老师或其他成年人面前欺负他人，在成年人看不到的地方发生了什么，需要让大家有方式和途径去了解。

所以，请填写表格、打电话，或者发送短信，提供你所知道的所有信息。要想预防或阻止冲突、闹剧和欺凌，保证状况不会变得更加严重，老师和其他学校工作人员需要你的帮助。如果你的学校没有匿名举报制度，应该建议他们设立这种制度。获取值得信任的老师、朋友、学生会以及其他人的建议和支持。然后，你可以联系校长或其他学校管理人员，说出你的想法。告诉他们，你认为这种制度会为学生的安全感带来多大的帮

助作用。最终，你可能会帮助学校做出巨大而积极的改变。[①]

牢记举报受理机关信息。青少年发现任何人对自己或者其他人有不法行为，均可向公安机关举报，包括向当地的公安局、公安分局、公安派出所，乃至治安民警、巡警举报。此外，还可向政府有关主管部门报告。

同时，青少年也应知晓举报的效力。公安机关或者政府有关主管部门应当认真听取举报内容，有力打击违法犯罪的行为，保护未成年人的合法利益。但对于误报、错报的，要对该未成年人进行法制宣传教育；对谎报的，应进行严肃的批评，甚至必要的行政处罚。对未成年人因受他人唆使的诬告，受理机关应严肃处理，除批评该未成年人外，还应对教唆者严加查办，直至追究刑事责任。[②]

《预防未成年人犯罪法》第 39 条规定："未成年人的父母或者其他监护人、学校、居民委员会、村民委员会发现有人教唆、胁迫、引诱未成年人实施严重不良行为的，应当立即向公安机关报告。公安机关接到报告或者发现有上述情形的，应当及时依法查处；对人身安全受到威胁的未成年人，应当立即采取有效保护措施。"

五、学会陪伴、支持与安慰，天空仍然是蓝色的

假如生活欺骗了你，
不要悲伤，不要心急！
忧郁的日子里须要镇静：

① 参见［美］贾斯汀·W. 帕钦、［美］萨米尔·辛社佳：《语言暴力大揭秘：跟网络欺凌说"不"》，刘清山译，黑龙江教育出版社 2017 年版，第 75 页。

② 参见史毅军编著：《青少年自我保护能力的培养》，现代出版社 2011 年版，第 36 页。

相信吧，快乐的日子将会来临！
心儿永远向往着未来；
现在却常是忧郁：
一切都是瞬息，一切都将会过去；
而那过去了的，将会成为亲切的怀恋。

——［俄］普希金《假如生活欺骗了你》

校园欺凌往往具有反复性，被欺凌者在很长的时间里都会受到身体或心理上的刺激与伤害，他们不仅长时间地失眠、做噩梦，有的甚至一踏入学校脑海中就会再次浮现被欺凌时的情景，变得精神恍惚。

一个走出心理困境的人回忆道，“在我的生活中，我曾两次经历非常消沉的时期。每次都有许多朋友竭力鼓励我，给我忠告，向我伸出援手。在我的消沉期，我的一位朋友采取了与众不同的方式来安慰我。每天下午四点左右，他来看我，让我坐在椅子上，脱下鞋，按摩我的脚，他几乎不说话，但是他就在那儿，陪伴我。他是我的‘救命稻草’，是把我和社会连接的纽带。他不曾安排我的生活。他知道什么是真正的安慰”。

当他人处于困扰中时，另一种常见的回应方式是告诉他 / 她如何恰当地解决问题。但是，他 / 她通常会认为你的这种回应表明你对他们的判断力或独立解决问题的能力缺乏信心。这些话可能也会使对方更加依赖你，而不是自己独立思考。人们通常很讨厌别人给建议或意见时所隐含的高人一等的态度。或者他们会自我感到低人一等，且认为：“为什么我不能这么想？”他们可能会感叹道：“你总是比我懂得多。”同样地，给建议可能会让对方感到你并不了解真实的问题所在。[①]“沉默的殿

① 参见［美］琳达·亚当斯、［美］埃莉诺·伦茨：《绽放最好的自己——如何活成你想要的样子》，郑正文译，北京理工大学出版社 2017 年版，第 237 页。

堂更适合避难。”单纯地与他在一起，让他自己走出这个阶段，将是你给予他的高尚而神圣的礼物。如果你参与他们的困难和反应，你就会加重他们的困难。如果你给予他们无条件的爱，你的帮助比迅速止痛的治疗效果要好得多。

当你看见同学或身边的伙伴陷入痛苦的境遇时，你会义不容辞地去帮助他们，这当然是好的，但也许他们并不需要你越俎代庖，他们需要的仅仅是体贴、支持。

我们常常把我们的价值观和信仰强加于他人，这是对他人的干涉，有的时候这只能加深别人的痛苦。真正给欺凌受害人的安慰是知道什么能给别人带来快乐，然后给予他们帮助。你帮助他们的第一步，是和他们在一起，让他们知道你爱他们，关心他们。你在他们身边，这比你采取什么手段更重要。

处于痛苦中的人还有一条路可走，那就是抒发郁结。就像给化脓的伤口做引流一样，唯有抒发郁结，才能让人体会并表达自己的感受，而且不会攻击别人或自己。唯有这种反应，才能让备受压力困扰的人放松下来，并且敞开心灵听取他人的建议。相应地，抒发郁结也提供了一个切断压力源头、防止复发的机会。

可以鼓励被欺凌者参与一些他未曾体验过的活动，尝试一些不寻常的、可能会让他感兴趣的活动，如绘画课或肢体表达课，帮助他去发现他人的错误，跳出自己受害者的心境，学会用语言来表达；也就是说，帮助他进行抗抑郁性投射。不让他忽视日常生活中的仪式（吃早餐、穿整齐、认真学习、参与同伴的聚会活动），这样他就不会独自处在“黑暗”中。对他来说，在等好天气回归的同时，继续上路也变得更容易。

为更好地帮助受欺凌者，针对你应该或不应该做的事，以下提供一些更加具体的建议：

应给予他真正的理解，这种理解不应局限于表面的讲话。说教式的劝说只会推开他人，不能与他产生共鸣。要理解他独自一人被遗弃的那种感受，耐心听他解释自己的感受，抽出时间来聆听。但也要坚定地划定界限——不要让你的耳朵成为他发泄的对象。此外，与他的悲观作斗争，帮他指出事物的积极面。引导他从不同的角度来看待自己的处境，同时与他一起探讨做调整和改变的方法。

如果你为痛苦的人提供了一个“呼吸的房间”（一个可以让他抒发郁结的地方和空间），你就不仅是把局面拉回到正常状态。实际上，你改善了局面。这是因为，除了让他冷静下来之外，你还在你们之间架起了一座心灵的桥梁。有了这座桥梁，你就可以和他无障碍地沟通了。[①]

六、停止歧视欺凌者，关心帮助其改变不当行为

青少年要有宽广的心胸，包容校园欺凌者，不要歧视他们。俗话说，心有多大，舞台就有多大。正是这个道理。当你以开阔的心境去看待一些事情的时候，就会觉得一切也不过如此。生活中的琐事那么多，你在乎得了全部吗？退一步海阔天空，不在小事上纠缠，你就是一

① 参见［美］大卫·J. 利伯曼：《搞定所有人：如何与所有人和谐相处》，侯瑞芬、邓文华译，重庆出版社 2006 年版。

个快乐并被友爱时刻包围的人。[①]

另外，要适时地给予这些欺凌者真诚的帮助，关心和帮助他们改变不当行为。人生在世，难免会有不如意的时候，甚至会犯各种错误。没有人会拒绝别人善意的帮助。你应该伸出你的双手给人以恰到好处的帮助。当然，帮助别人必须以维护对方的自尊心、顾全对方的面子为前提。否则，居高临下摆出一副施舍者、教训者的面孔，结果只会适得其反。[②]告诉人们他们应该或理应做什么，几乎没有什么帮助。这些话向他人施加了来自外部权威、义务或责任的压力。人们听到“应该”“理应”“必须”时，通常的反应是抵触，甚至更加强烈地捍卫自己的立场。这些话传递给他人的信息是，你不信任他们有能力自行判断一些想法和价值观，他们最好接受“别人”视为正确的事情。这些话可能也会引起对方的愧疚感，让他们感到自己“坏”。[③]

每个人都有缺点和不足，也都会犯错误。有些时候，要勇于制止朋友做不道德或违法的事，比如偷东西；不让他们做不合社交规范的事，比如辱骂别人或造谣。如果有更多人遵守这些友谊指导方针，世界对每个人而言将会更美好！

---

① 参见郗俊生、乔学慧、虞承波等：《谁说青春一定迷茫》，知识产权出版社 2017 年版，第 84 页。

② 参见宋宁、任定保编著：《学会交往：中学生社交能力训练》，上海远东出版社 2001 年版，第 15 页。

③ 参见［美］琳达·亚当斯、［美］埃莉诺·伦茨：《绽放最好的自己——如何活成你想要的样子》，郑正文译，北京理工大学出版社 2017 年版，第 236 页。

附　　录

教育部等九部门关于防治中小学生欺凌和暴力的指导意见

教基一〔2016〕6号

各省、自治区、直辖市教育厅（教委）、综治办、高级人民法院、人民检察院、公安厅（局）、民政厅（局）、司法厅（局）、团委、妇联，新疆生产建设兵团教育局、综治办、人民法院、人民检察院、公安局、民政局、司法局、团委、妇联：

在党中央、国务院的正确领导下，在各级党委政府及教育、综治、公安、司法等有关部门和共青团、妇联等群团组织的共同努力下，发生在中小学生之间的欺凌和暴力事件得到遏制，预防青少年违法犯罪工作取得明显成效。但是，由于在落实主体责任、健全制度措施、实施教育惩戒、形成工作合力等方面还存在薄弱环节，少数地方学生之间欺凌和暴力问题仍时有发生，损害了学生身心健康，造成了不良社会影响。为全面贯彻党的教育方针，落实立德树人根本任务，切实防治学生欺凌和暴力事件的发生，现提出如下指导意见。

一、积极有效预防学生欺凌和暴力

1. 切实加强中小学生思想道德教育、法治教育和心理健康教育。各地要紧密联系中小学生的思想实际，积极培育和践行社会主义核心价值观。落实《中小学生守则（2015 年修订）》，引导全体中小学生从小知礼仪、明是非、守规矩，做到珍爱生命、尊重他人、团结友善、不恃强凌弱，弘扬公序良俗、传承中华美德。落实《中小学法制教育指导纲要》、《青少年法治教育大纲》，开展“法治进校园”全国巡讲活动，让学生知晓基本的法律边界和行为底线，消除未成年人违法犯罪不需要承担任何责任的错误认识，养成遵规守法的良好行为习惯。落实《中小学心理健康教育指导纲要（2012 年修订）》，培养学生健全人格和积极心理品质，对有心理困扰或心理问题的学生开展科学有效的心理辅导，提高其心理健康水平。切实加强家庭教育，家长要注重家风建设，加强对孩子的管教，注重孩子思想品德教育和良好行为习惯培养，从源头上预防学生欺凌和暴力行为发生。

2. 认真开展预防欺凌和暴力专题教育。各地要在专项整治的基础上，结合典型案例，集中开展预防学生欺凌和暴力专题教育。要强化学生校规校纪教育，通过课堂教学、专题讲座、班团队会、主题活动、编发手册、参观实践等多种形式，提高学生对欺凌和暴力行为严重危害性的认识，增强自我保护意识和能力，自觉遵守校规校纪，做到不实施欺凌和暴力行为。研制学校防治学生欺凌和暴力的指导手册，全面加强教职工特别是班主任专题培训，提高教职工有效防治学生欺凌和暴力的责任意识和能力水平。要通过家访、家长会、家长学校等途径，帮助家长了解防治学生欺凌和暴力知识，增强监护责任意识，提高防治能力。要加强中小学生违法犯罪预防综合基地和人才建设，为开展防治学生欺凌和暴力专题教育提供支持和帮助。

3. 严格学校日常安全管理。中小学校要制定防治学生欺凌和暴力工作制度，将其纳入学校安全工作统筹考虑，健全应急处置预案，建立早期预警、事中处理及事后干预等机制。要加强师生联系，密切家校沟通，及时掌握学生思想情绪和同学关系状况，特别要关注学生有无学习成绩突然下滑、精神恍惚、情绪反常、无故旷课等异常表现及产生的原因，对可能的欺凌和暴力行为做到早发现、早预防、早控制。严格落实值班、巡查制度，禁止学生携带管制刀具等危险物品进入学校，针对重点学生、重点区域、重点时段开展防治工作。对发现的欺凌和暴力事件线索和苗头要认真核实、准确研判，对早期发现的轻微欺凌事件，实施必要的教育、惩戒。

4. 强化学校周边综合治理。各级综治组织要加大新形势下群防群治工作力度，实现人防物防技防在基层综治中心的深度融合，动员社会各方面力量做好校园周边地区安全防范工作。要依托全国社会治安综合治理信息系统，整合各有关部门信息资源，发挥青少年犯罪信息数据库作用，加强对重点青少年群体的动态研判。进一步加强校园及周边地区社会治安防控体系建设，作为公共安全视频监控建设联网应用示范工作的重要内容，推进校园及周边地区公共安全视频监控系统全覆盖，加大视频图像集成应用力度，实现对青少年违法犯罪活动的预测预警、实时监控、轨迹追踪及动态管控。把学校周边作为社会治安重点地区排查整治工作的重点，加强组织部署和检查考核。要对中小学生欺凌和暴力问题突出的地区和单位，根据《中共中央办公厅　国务院办公厅关于印发〈健全落实社会治安综合治理领导责任制规定〉的通知》要求，通过通报、约谈、挂牌督办、实施一票否决权制等方式进行综治领导责任督导和追究。公安机关要在治安情况复杂、问题较多的学校周边设置警务室或治安岗亭，密切与学校的沟通协作，积极配合学校排查发现学生欺凌和暴力隐患苗头，并及时预防处置。要加强学生上下学重要时段、学生途经重点路段的巡逻防控和治安盘查，对发现的苗头性、倾向性欺凌和暴力问题，要采取相应防范措施并通知学校和家长，及时干预，震慑犯罪。

二、依法依规处置学生欺凌和暴力事件

5. 保护遭受欺凌和暴力学生身心安全。各地要建立中小学生欺凌和暴力事件及时报告制度，一旦发现学生遭受欺凌和暴力，学校和家长要及时相互通知，对严重的欺凌和暴力事件，要向上级教育主管部门报告，并迅速联络公安机关介入处置。报告时相关人员有义务保护未成年人合法权益，学校、家长、公安机关及媒体应保护遭受欺凌和暴力学生以及知情学生的身心安全，严格保护学生隐私，防止泄露有关学生个人及其家庭的信息。特别要防止网络传播等因素导致事态蔓延，造成恶劣社会影响，使受害学生再次受到伤害。

6. 强化教育惩戒威慑作用。对实施欺凌和暴力的中小学生必须依法依规采取适当的矫治措施予以教育惩戒，既做到真情关爱、真诚帮助，力促学生内心感化、行为转化，又充分发挥教育惩戒措施的威慑作用。对实施欺凌和暴力的学生，学校和家长要进行严肃的批评教育和警示谈话，情节较重的，公安机关应参与警示教育。对屡教不改、多次实施欺凌和暴力的学生，应登记在案并将其表现记入学生综合素质评价，必要时转入专门学校就读。对构成违法犯罪的学生，根据《刑法》、《治安管理处罚法》、《预防未成年人犯罪法》等法律法规予以处置，区别不同情况，责令家长或者监护人严加管教，必要时可由政府收容教养，或者给予相应的行政、刑事处罚，特别是对犯罪性质和情节恶劣、手段残忍、后果严重的，必须坚决依法惩处。对校外成年人教唆、胁迫、诱骗、利用在校中小学生违法犯罪行为，必须依法从重惩处，有效遏制学生欺凌和暴力等案事件发生。各级公安、检察、审判机关要依法办理学生欺凌和暴力犯罪案件，做好相关侦查、审查逮捕、审查起诉、诉讼监督、审判和犯罪预防工作。

7. 实施科学有效的追踪辅导。欺凌和暴力事件妥善处置后，学校要

持续对当事学生追踪观察和辅导教育。对实施欺凌和暴力的学生，要充分了解其行为动机和深层原因，有针对性地进行教育引导和帮扶，给予其改过机会，避免歧视性对待。对遭受欺凌和暴力的学生及其家人提供帮助，及时开展相应的心理辅导和家庭支持，帮助他们尽快走出心理阴影，树立自信，恢复正常学习生活。对确实难以回归本校本班学习的当事学生，教育部门和学校要妥善做好班级调整和转学工作。要认真做好学生欺凌和暴力典型事件通报工作，既要充分发挥警示教育作用，又要注意不过分渲染事件细节。

三、切实形成防治学生欺凌和暴力的工作合力

8. 加强部门统筹协调。各地要把防治学生欺凌和暴力工作作为全面依法治国，建设社会主义和谐社会的重要任务。教育、综治、人民法院、人民检察院、公安、民政、司法、共青团、妇联等部门组织，应成立防治学生欺凌和暴力工作领导小组，明确任务分工，强化工作职责，完善防治办法，加强考核检查，健全工作机制，形成政府统一领导、相关部门齐抓共管、学校家庭社会三位一体的工作合力。

9. 依法落实家长监护责任。管教孩子是家长的法定监护职责。引导广大家长要增强法治意识，掌握科学的家庭教育理念，尽量多安排时间与孩子相处交流，及时了解孩子的日常表现和思想状况，积极与学校沟通情况，自觉发挥榜样作用，切实加强对孩子的管教，特别要做好孩子离校后的监管看护教育工作，避免放任不管、缺教少护、教而不当。要落实监护人责任追究制度，根据《民法》等相关法律法规，未成年学生对他人的人身和财产造成损害的，依法追究其监护人的法律责任。

10. 加强平安文明校园建设。中小学校要把防治学生欺凌和暴力作为加强平安文明校园建设的重要内容。学校党组织要充分发挥政治核心作用，加强组织协调和教育引导。校长是学校防治学生欺凌和暴力的第一责任人，分管法治教育副校长和班主任是直接责任人，要充分调动全体教职工的积极性，明确相关岗位职责，将学校防治学生欺凌和暴力的各项工作落实到每个管理环节、每位教职工。要努力创造温馨和谐、积极向上的校园环境，重视校园绿化、美化和人文环境建设。加强优良校风、教风、学风建设，开展内容健康、格调高雅、丰富多彩的校园活动，形成团结向上、互助友爱、文明和谐的校园氛围，激励学生爱学校、爱老师、爱同学，提高校园整体文明程度。要健全各项管理制度、校规校纪，落实《义务教育学校管理标准》，提高学校治理水平，推进依法依规治校，建设无欺凌和暴力的平安文明校园。

11. 全社会共同保护未成年学生健康成长。要建立学校、家庭、社区（村）、公安、司法、媒体等各方面沟通协作机制，畅通信息共享渠道，进一步加强对学生保护工作的正面宣传引导，防止媒体过度渲染报道事件细节，避免学生欺凌和暴力通过网络新媒体扩散演变为网络欺凌，消除暴力文化通过不良出版物、影视节目、网络游戏侵蚀、影响学生的心理和行为，引发连锁性事件。要依托各地 12355 青少年服务台，开设自护教育热线，组织专业社会工作者、公益律师、志愿者开展有针对性的自护教育、心理辅导和法律咨询。坚持标本兼治、常态长效，净化社会环境，强化学校周边综合治理，切实为保护未成年人平安健康成长提供良好社会环境。

教育部　中央综治办　最高人民法院
最高人民检察院　公安部　民政部
司法部　共青团中央　全国妇联
2016 年 11 月 1 日

加强中小学生欺凌综合治理方案

教督〔2017〕10号

加强中小学生欺凌综合治理是中小学校安全工作的重点和难点，事关亿万中小学生的身心健康和全面发展，事关千家万户的幸福和社会和谐稳定，事关中华民族的未来和伟大复兴。为深入贯彻党的十九大精神，有效防治中小学生欺凌，依据相关法律法规，制定本方案。

一、指导思想

以习近平新时代中国特色社会主义思想为指导，全面贯彻党的教育方针，落实立德树人根本任务，大力培育和弘扬社会主义核心价值观，不断提高中小学生思想道德素质，健全预防、处置学生欺凌的工作体制和规章制度，以形成防治中小学生欺凌长效机制为目标，以促进部门协作、上下联动、形成合力为保障，确保中小学生欺凌防治工作落到实处，把校园建设成最安全、最阳光的地方，办好人民满意的教育，为培养德智体美全面发展的社会主义建设者和接班人创造良好条件。

二、基本原则

（一）坚持教育为先。深入开展中小学生思想道德教育、法治教育、心理健康教育，促进提高人民群众的思想觉悟、道德水准、文明素养，提高全社会文明程度，特别要加强防治学生欺凌专题教育，培养校长、教师、学生及家长等不同群体积极预防和自觉反对学生欺凌的意识。

（二）坚持预防为主。完善有关规章制度，及时排查可能导致学生欺凌事件发生的苗头隐患，强化学校及周边日常安全管理，加强欺凌事件易发现场监管，完善学生寻求帮助的维权渠道。

（三）坚持保护为要。切实保障学生的合法权益，严格保护学生隐私，尊重学生的人格尊严。切实保护被欺凌学生的身心建康，防止二次伤害发生，帮助被欺凌学生尽早恢复正常的学习生活。

（四）坚持法治为基。按照全面依法治国的要求，依法依规处置学生欺凌事件，按照“宽容不纵容、关爱又严管”的原则，对实施欺凌的学生予以必要的处置及惩戒，及时纠正不当行为。

三、治理内容及措施

（一）明确学生欺凌的界定

中小学生欺凌是发生在校园（包括中小学校和中等职业学校）内外、学生之间，一方（个体或群体）单次或多次蓄意或恶意通过肢体、语言及网络等手段实施欺负、侮辱，造成另一方（个体或群体）身体伤害、财产损失或精神损害等的事件。

在实际工作中，要严格区分学生欺凌与学生间打闹嬉戏的界定，正确合理处理。

（二）建立健全防治学生欺凌工作协调机制

各地要组织协调有关部门、群团组织，建立健全防治学生欺凌工作协调机制，统筹推进学生欺凌治理工作，妥善处理学生欺凌重大事件，正确引导媒体和网络舆情。教育行政（主管）部门和学校要重点抓好校园内欺凌事件的预防和处置；各部门要加强协作，综合治理，做好校园外欺凌事件的预防和处置。

（三）积极有效预防

1. 指导学校切实加强教育。中小学校要通过每学期开学时集中开展教育、学期中在道德与法治等课程中专门设置教学模块等方式，定期对中小学生进行学生欺凌防治专题教育。学校共青团、少先队组织要配合学校开展好法治宣传教育、安全自护教育。

2. 组织开展家长培训。通过组织学校或社区定期开展专题培训课等方式，加强家长培训，引导广大家长增强法治意识，落实监护责任，帮助家长了解防治学生欺凌知识。

3. 严格学校日常管理。学校根据实际成立由校长负责，教师、少先队大中队辅导员、教职工、社区工作者和家长代表、校外专家等人员组成的学生欺凌治理委员会（高中阶段学校还应吸纳学生代表）。加快推进将校园视频监控系统、紧急报警装置等接入公安机关、教育部门监控和报警平台，逐步建立校园安全网上巡查机制。学校要制定防治学生欺凌工作各项规章制度的工作要求，主要包括：相关岗位教职工防治学生欺凌的职责、学生欺凌事件应急处置预案、学生欺凌的早期预警和事中处理及事后干预的具体流程、校规校纪中对实施欺凌学生的处罚规定等。

4. 定期开展排查。教育行政部门要通过委托专业第三方机构或组织学校开展等方式，定期开展针对全体学生的防治学生欺凌专项调查，及时查找可能发生欺凌事件的苗头迹象或已经发生、正在发生的欺凌事件。

（四）依法依规处置

1. 严格规范调查处理。学生欺凌事件的处置以学校为主。教职工发现、学生或者家长向学校举报的，应当按照学校的学生欺凌事件应急处置预案和处理流程对事件及时进行调查处理，由学校学生欺凌治理委员会对事件是否属于学生欺凌行为进行认定。原则上学校应在启动调查处理程序 10 日内完成调查，根据有关规定处置。

2. 妥善处理申诉请求。各地教育行政部门要明确具体负责防治学生欺凌工作的处（科）室并向社会公布。县级防治学生欺凌工作部门负责处理学生欺凌事件的申诉请求。学校学生欺凌治理委员会处理程序妥当、事件比较清晰的，应以学校学生欺凌治理委员会的处理结果为准；确需复查的，由县级防治学生欺凌工作部门组织学校代表、家长代表和校外专家等组成调查小组启动复查。复查工作应在15日内完成，对事件是否属于学生欺凌进行认定，提出处置意见并通知学校和家长、学生。

县级防治学生欺凌工作部门接受申诉请求并启动复查程序的，应在复查工作结束后，及时将有关情况报上级防治学生欺凌工作部门备案。涉法涉诉案件等不宜由防治学生欺凌工作部门受理的，应明确告知当事人，引导其及时纳入相应法律程序办理。

3. 强化教育惩戒作用。对经调查认定实施欺凌的学生，学校学生欺凌治理委员会要根据实际情况，制定一定学时的专门教育方案并监督实施欺凌学生按要求接受教育，同时针对欺凌事件的不同情形予以相应惩戒。

情节轻微的一般欺凌事件，由学校对实施欺凌学生开展批评、教育。实施欺凌学生应向被欺凌学生当面或书面道歉，取得谅解。对于反复发生的一般欺凌事件，学校在对实施欺凌学生开展批评、教育的同时，可视具体情节和危害程度给予纪律处分。

情节比较恶劣、对被欺凌学生身体和心理造成明显伤害的严重欺凌事件，学校对实施欺凌学生开展批评、教育的同时，可邀请公安机关参与警示教育或对实施欺凌学生予以训诫，公安机关根据学校邀请及时安排人员，保证警示教育工作有效开展。学校可视具体情节和危害程度给予实施欺凌学生纪律处分，将其表现记入学生综合素质评价。

屡教不改或者情节恶劣的严重欺凌事件，必要时可将实施欺凌学生转送专门（工读）学校进行教育。未成年人送专门（工读）学校进行矫治和接受教育，应当按照《中华人民共和国预防未成年人犯罪法》有关规定，对构成有严重不良行为的，按专门（工读）学校招生入学程序报有关部门批准。

涉及违反治安管理或者涉嫌犯罪的学生欺凌事件，处置以公安机关、人民法院、人民检察院为主。教育行政部门和学校要及时联络公安机关依法处置。各级公安、人民法院、人民检察院依法办理学生欺凌犯罪案件，做好相关侦查、审查逮捕、审查起诉、诉讼监督和审判等工作。对有违法犯罪行为的学生，要区别不同情况，责令其父母或者其他监护人严加管教。对依法应承担行政、刑事责任的，要做好个别矫治和分类教育，依法利用拘留所、看守所、未成年犯管教所、社区矫正机构等场所开展必要的教育矫治；对依法不予行政、刑事处罚的学生，学校要给予纪律处分，非义务教育阶段学校可视具体情节和危害程度给予留校察看、勒令退学、开除等处分，必要时可按照有关规定将其送专门（工读）学校。对校外成年人采取教唆、胁迫、诱骗等方式利用在校学生实施欺凌进行违法犯罪行为的，要根据《中华人民共和国刑法》及有关法律规定，对教唆未成年人犯罪的依法从重处罚。

（五）建立长效机制

各地各有关部门要加强制度建设，积极探索创新，逐步建立具有长效性、稳定性和约束力的防治学生欺凌工作机制。

1. 完善培训机制。明确将防治学生欺凌专题培训纳入教育行政干部和校长、教师在职培训内容。市级、县级教育行政部门分管负责同志和具体工作人员每年应当接受必要的学生欺凌预防与处置专题面授培训。中小学校长、学校行政管理人员、班主任和教师等培训中应当增加学生欺凌预防与处置专题面授的内容。培训纳入相关人员继续教育学分。

2. 建立考评机制。将本区域学生欺凌综合治理工作情况作为考评内容，纳入文明校园创建标准，纳入相关部门负责同志年度考评，纳入校长学期和学年考评，纳入学校行政管理人员、教师、班主任及相关岗位教职工学期和学年考评。

3. 建立问责处理机制。把防治学生欺凌工作专项督导结果作为评价政府教育工作成效的重要内容。对职责落实不到位、学生欺凌问题突出的地区和单位通过通报、约谈、挂牌督办、实施一票否决权制等方式进行综治领导责任追究。学生欺凌事件中存在失职渎职行为，因违纪违法应当承担责任的，给予党纪政纪处分；构成犯罪的，依法追究刑事责任。

4. 健全依法治理机制。建立健全中小学校法制副校长或法制辅导员制度，明确法制副校长或法制辅导员防治学生欺凌的具体职责和工作流程，把防治学生欺凌作为依法治校工作的重要内容，积极主动开展以防治学生欺凌为主题的法治教育，推进学校在规章制度中补充完善防治学生欺凌内容，落实各项预防和处置学生欺凌措施，配合有关部门妥善处理学生欺凌事件及对实施欺凌学生进行教育。

四、职责分工

（一）教育行政部门负责对学生欺凌治理进行组织、指导、协调和监督，牵头做好专门（工读）学校的建设工作，是学生欺凌综合治理的牵头单位。

（二）综治部门负责推动将学生欺凌专项治理纳入社会治安综合治理工作，强化学校周边综合治理，落实社会治安综合治理领导责任制。

（三）人民法院负责依法妥善审理学生欺凌相关案件，通过庭审厘清学生欺凌案件的民事责任，促进矛盾化解工作；以开展模拟法庭等形式配合学校做好法治宣传工作。

（四）人民检察院负责依法对学生欺凌案件进行审查逮捕、审查起诉，开展法律监督，并以案释法，积极参与学校法治宣传教育。

（五）公安机关负责依法办理学生欺凌违反治安管理和涉嫌犯罪案件，依法处理实施学生欺凌侵害学生权益和身心健康的相关违法犯罪嫌疑人，强化警校联动，指导监督学校全面排查整治校园安全隐患，协助学校开展法治教育，做好法治宣传工作。

（六）民政部门负责引导社会力量加强对被欺凌学生及其家庭的帮扶救助，协助教育部门组织社会工作者等专业人员为中小学校提供专业辅导，配合有关部门鼓励社会组织参与学生欺凌防治和帮扶工作。

（七）司法行政部门负责落实未成年人司法保护制度，建立未成年人司法支持体系，指导协调开展以未成年人相关法律法规为重点的法治宣传教育，做好未成年人法律援助和法律服务工作，有效保护未成年人的合法权益。

（八）人力资源社会保障部门负责指导技工学校做好学生欺凌事件的预防和处置工作。

（九）共青团组织负责切实履行综治委预防青少年违法犯罪专项组组长单位职责，配合教育行政部门并协调推动相关部门，建立预防遏制学生欺凌工作协调机制，积极参与学生欺凌防治工作。

（十）妇联组织负责配合有关部门开展预防学生欺凌相关知识的宣传教育，引导家长正确履行监护职责。

（十一）残联组织负责积极维护残疾儿童、少年合法权益，配合有关部门做好残疾学生权益保护相关法律法规的宣传教育，切实加强残疾学生遭受欺凌的风险防控，协助提供有关法律服务。

（十二）学校负责具体实施和落实学生欺凌防治工作，扎实开展相关教育，制定完善预防和处置学生欺凌的各项措施、预案、制度规范和处置流程，及时妥善处理学生欺凌事件。指导、教育家长依法落实法定监护职责，增强法治意识，科学实施家庭教育，切实加强对孩子的看护和管教工作。

五、工作要求

（一）深入细致部署。各地各有关部门要按照属地管理、分级负责的原则，加强学生欺凌综合治理。根据治理内容、措施及分工要求，明确负责人和具体联系人，结合本地区、本部门实际制订具体实施方案，落实工作责任。请于 2017 年 12 月 31 日前将省级防治学生欺凌工作负责人和联系人名单、2018 年 1 月 31 日前将实施方案分别报送国务院教育督导委员会办公室。

（二）加强督导检查。省、市级教育督导部门要联合其他有关部门，定期对行政区域内防治学生欺凌工作情况进行督导检查。县级教育督导部门要对县域内学校按要求开展欺凌防治教育活动、制定应急预案和处置流程等办法措施、在校规校纪中完善防治学生欺凌内容、开展培训、及时处置学生欺凌事件等重点工作开展情况进行专项督导检查。

国务院教育督导委员会办公室适时组织联合督查组对全国防治学生欺凌工作进行专项督导，督导结果向社会公开。

（三）及时全面总结。认真及时做好防治学生欺凌工作总结，一方面围绕取得的成绩和经验，认真总结防治学生欺凌工作中带有启示性、经验性的做法；另一方面围绕面临的困难和不足，认真查找防治学生欺凌工作与社会、家长和学生需求的差距、不足和薄弱环节，查找问题真正的根源，汲取教训，研究改进，推动防治学生欺凌工作进一步取得实效。

（四）强化宣传引导。结合普法工作，开展法治宣传进校园活动，加强对防治学生欺凌工作的正面宣传引导，推广防治学生欺凌的先进典型、先进经验，普及防治学生欺凌知识和方法。对已发生的学生欺凌事件要及时回应社会关切，充分满足群众信息需求。教育行政部门要联系当地主要新闻媒体共同发布反学生欺凌绿色报道倡议书，营造反学生欺凌报道宣传的良好氛围。

教育部　中央综治办　最高人民法院
最高人民检察院　公安部　民政部
司法部　人力资源和社会保障部
共青团中央　全国妇联　中国残联
2017 年 11 月 22 日

参考文献

1.［美］杰弗里·E. 杨、［美］珍妮特·S. 克罗斯科：《性格的陷阱：如何修补童年形成的性格缺陷》，王怡蕊、陆杨译，机械工业出版社 2019 年版。

2.［美］大卫·J. 利伯曼：《搞定所有人：如何与所有人和谐相处》，侯瑞芬、邓文华译，重庆出版社 2006 年版。

3.［美］珊蒂·克雷文 / 文、［美］茱蒂·柏斯玛 / 图：《不要随便摸我》，刘敏译，青岛出版社 2011 年版。

4.［西班牙］巴尔塔沙·葛拉西安：《千年智慧书》，树君、继月译，商务印书馆国际有限公司 2010 年版。

5.［爱尔兰］基思·沙利文：《反欺凌手册》，徐维译，中国致公出版社 2014 年版。

6.［美］彼得·莱文、［美］玛吉·克莱恩：《让孩子远离伤害：父母如何培养自信、快乐、坚毅的孩子》，李菁译，金城出版社 2016 年版。

7.［美］菲利斯·卡夫曼·古特斯坦、［美］伊丽莎白·沃迪克 / 著、斯蒂夫·马克 / 绘：《对校园欺凌说不！》，樊伟、周睎雯译，陕西科学技术出版社 2016 年版。

8.［美］马修·麦克凯、［美］帕特里克·范宁、［美］艾维加尔·里维、［美］米歇尔·斯基恩：《人际关系心理学：学会相处之道》，陈幼堂、陈书瑶译，重庆大学出版社 2016 年版。

9.［美］芭芭拉·科卢梭：《如何应对校园欺凌》，肖飒译，华东师范大学出版社 2017 年版。

10. [澳] 迈克尔 · 潘克里奇、[澳] 凯瑟琳 · 桑顿 :《对校园欺凌说“不”!如何重新掌控自己的人生》,宋一辰译,中国轻工业出版社 2018 年版。

11. [美] 查尔斯 · 安德鲁 :《儿童安全教育系列 : 哼哼学堂之自我保护》,BSG 译,浙江摄影出版社 2018 年版。

12. [美] 麦克 · 卡西迪 :《远离校园欺凌——你该怎么做? 》,雷秀云译,上海交通大学出版社 2018 年版。

13. [美] 迈克尔 · 汤普森、[美] 凯瑟琳 · 奥尼尔 · 格雷斯、[美] 劳伦斯 · 科恩 :《朋友还是敌人 : 儿童社交的爱与痛》,钟煜译,中信出版社 2018 年版。

14. 北京市海淀区人民检察院等编 :《守护迷失的青春——社工检察官联动帮教案例精选》,中国人民公安大学出版社 2014 年版。

15. 本书编写组编 :《青少年法律知识学习读本》,新华出版社 2016 年版。

16. 本书编写组编 :《校园反欺凌教育读本》,福建人民出版社 2019 年版。

17. 陈少云编著 :《青少年法律案例知识读本》,经济管理出版社 2001 年版。

18. 郗俊生、乔学慧、虞承波等 :《谁说青春一定迷茫》,知识产权出版社 2017 年版。

19. 方刚主编、陈亚亚副主编 :《积极行动,校园终止性别暴力工具包》,中国社会科学出版社 2017 年版。

20. 方刚主编 :《让欺凌归“零”——终止校园欺凌工具包》,中国社会科学出版社 2018 年版。

21. 房余龙主编 :《青少年自我保护手册》,苏州大学出版社 2012 年版。

22. 耿武岭编著：《沟通无限——扫描青少年的人际交往心理》，中国商业出版社 2009 年版。

23. 韩柏夫等：《陪伴 · 守护：初中生心理辅导手记》，宁波出版社 2018 年版。

24. 杭天春、郑坚、陈仲达编著：《当我面对危险时——青少年的自我保护》，科学普及出版 2013 年版。

25. 教育部基础教育司组织编写：《防治中小学生欺凌和暴力指导手册》，教育科学出版社 2018 年版。

26. 吕桂兰、杨勇军、吴运同主编：《新世纪青少年自我保护与预防犯罪新概念》，西藏人民出版社 2001 年版。

27. 卢加楣主编：《青少年心理与辅导：理论和实践》，上海教育出版社 2011 年版。

28. 李树桃编著：《青少年自我保护实用知识 100 问》，金盾出版社 2011 年版。

29. 梁贵平主编：《青少年安全教育读本》，河北科学技术出版社 2012 年版。

30. 刘良友主编：《善交际，巧沟通：青少年人际交往能力训练》，安徽文艺出版社 2013 年版。

31. 中国社会科学院法学研究所、法治宣传教育与公法研究中心组织编写：《法治教育：法制实践版 · 初中一年级 (上)》，中国民主法制出版社 2017 年版。

32. 刘晓巍主编：《反校园欺凌与暴力学生手册：中学版》，西北工业大学出版社 2017 年版。

33. 罗立新编著：《防范校园欺凌知识读本》，吉林大学出版社 2017 年版。

34. 林甲针、周光顶等：《让孩子远离校园欺凌》，福建教育出版社 2020 年版。

35. 中央河北省网络安全和信息化领导小组办公室主编、马丁著：《青少年网络安全教育读本》，河北科学技术出版社 2014 年版。

36. 毛振明、孙璞、何卫国主编：《全国中小学生安全教育教材（初中三年级）》，华文出版社 2014 年版。

37. 苗雨编著：《青少年安全自护手册》，中国妇女出版社 2016 年版。

38. 穆岩编著：《应对校园欺凌的“孙子兵法”——案例分析与应对体系》，广东科技出版社 2020 年版。

39. 七五普法图书中心：《全国“七五”普法学习问答系列　青少年法律知识学习问答》，中国法制出版社 2015 年版。

40. 上海黑牛动漫工作室编著：《防治校园欺凌须知》，湖南教育出版社 2019 年版。

41. 史毅军编著：《青少年自我保护能力的培养》，现代出版社 2011 年版。

42. 宋宁、任定保编著：《学会交往：中学生社交能力训练》，上海远东出版社 2001 年版。

43. 教育部全国教育普法领导小组办公室编：《初中生法制教育读本》，华东师范大学出版社 2007 年版。

44. 孙云晓主编：《中国青少年自我保护手册》，中国文联出版公司 1999 年版。

45. 陶红亮编著：《中小学生预防校园欺凌知识读本》，应急管理出版社 2019 年版。

46. 滕红琴、赵惠敏主编：《青少年自我保护完全手册》，中国时代经济出版 2006 年版。

47. 佟丽华主编：《反校园欺凌手册（学生读本）》，北京少年儿童出版社 2017 年版。

48. 王大伟：《校园欺凌：问题与对策》，中国国际广播出版社2017年版。

49. 王振峰、潘度文主编：《预防少年性犯罪知识手册》，中国社会出版社2011年版。

50. 杨柯编著：《少男少女自我保护手册》，湖南人民出版社2002年版。

51. 杨翔、黄步高主编：《法治教育六年级下》，湖南教育出版社2016年版。

52. 姚建龙：《法学的慈悲：孩子的法律情怀》，上海三联书店2018年版。

53. 姚建龙：《青少年犯罪与司法论要》，中国政法大学出版社2014年版。

54. 姚建龙主编：《校园暴力控制研究》，复旦大学出版社2010年版。

55. 伊文领：《青少年防侵害自我保护必读》，中国青年出版社2000年版。

56. 于丹丹、郭美光编著：《中学生交往指南》，吉林人民出版社2010年版。

57. 余雅风主编：《中小学教育法与教育政策读本》，东北师范大学出版社2012年版。

58. 袁磊编著：《生命之眼：如何塑造青春期的灵魂》，中国商业出版社2009年版。

59. 张怀曾：《中小学教育工程学读本》，九州出版社2012年版。

60. 张娟娟：《校园暴力欺凌法治研究》，九州出版社2018年版。

61. 张仁贤总主编，李纯青、解孟林主编：《校园欺凌的应对与预防》，世界知识出版社2017年版。

62. 张天清主编：《青少年心理自助成长 100 问》，百花洲文艺出版社 2018 年版。

63. 贺成军、张瞻主编：《安全知识读本》，重庆：西南师范大学出版社 2018 年版。

64. 周之良主编，李春秋、康齐力、王显芳编著：《编织交际的纽带青少年人际交往》，青岛出版社 2005 年版。

65. 朱丽丽编著：《花季天空——青少年心理健康驿站》，中国商业出版社 2009 年版。

66. 祝杰编著：《校园安全知识问答》，安徽大学出版社 2007 年版。

67. 黄冰：《校园欺凌的预防与治理研究》，中南财经政法大学 2019 年硕士学位论文。

68. 姜家敏：《校园暴力被害人恶逆变问题探析》，华东政法大学 2019 年硕士学位论文。

69. 靳如梦：《校园欺凌的情境预防研究》，安徽大学 2020 年硕士学位论文。

70. 刘瑶：《校园欺凌的伦理症结与对策——从教师专业伦理的角度》，南京大学 2019 年硕士学位论文。

71. 陆羽：《大学生网络借贷的实证研究》，福州大学 2018 年硕士学位论文。

72. 律璞玉：《论寻衅滋事罪》，黑龙江大学 2010 年硕士学位论文。

73. 施燕：《故意伤害未遂的刑法规制问题探究》，西南政法大学 2019 年硕士学位论文。

74. 温水年：《我国校园欺凌法律治理的现状及对策》，广东财经大学 2019 年硕士学位论文。

75. 邬梦瑶：《我国刑法中兜底条款的梳理与检视》，西南政法大学 2019 年硕士学位论文。

76. 杨茗 :《人民警察行政执法权益保障研究》，吉林大学 2019 年硕士学位论文。

77. 杨新慧 :《刑事新派理论与少年法》，西南政法大学 2016 年博士学位论文。

78. 岳珂名 :《我国未成年人轻微抢劫行为的刑法适用》，海南大学 2016 年硕士学位论文。

79. 翁乾明 :《如何让学生向“网络欺凌”说不》，载《福建教育》2014 年第 8 期。

80. 本刊编辑部 :《事关友谊认真对待》，载《中学生百科》2008 年第 31 期。

81. 蔡桂生 :《敲诈勒索罪中“被害人恐惧必要说”之证伪及其出路》，载《苏州大学学报（法学版）》2019 年第 4 期。

82. 柴冬梅、徐旭 :《校园欺凌和暴力防治问题与对策研究——以检察机关工作机制建设为视角》，载《法制博览》2018 年第 27 期。

83. 陈洁婷 :《〈丑小鸭〉——足够忍耐，就能变成白天鹅？》，载《青少年法治教育》2020 年第 6 期。

84. 陈璐 :《未成年人校园欺凌法律规制路径探析》，载《法制博览》2020 年第 8 期。

85. 陈婷、范奕、张子华、方晓艳 :《江西省中学生校园受欺凌行为与抑郁的相关性》，载《中国学校卫生》2020 年第 4 期。

86. 陈禹衡 :《〈法国刑法典〉对中国校园欺凌犯罪治理的镜鉴——基于 54 份校园欺凌案件刑事裁判的分析》，载《预防青少年犯罪研究》2019 年第 3 期。

87. 董芳 :《唤醒学生数学自信心点滴谈》，载《新课程（上）》2015 年第 10 期。

88. 冯恺 :《我国校园欺凌法律治理的问题检视》，载《山东社会科学》2020 年第 3 期。

89. 顾海艳：《网络刷单引发的诈骗行为及其防控措施》，载《中国人民公安大学学报（社会科学版）》2020 年第 1 期。

90. 韩磊、窦菲菲、朱帅帅：《羞怯与攻击的关系：受欺负和自我控制的中介作用》，载《中国临床心理学杂志》2016 年第 1 期。

91. 胡春光：《校园欺凌行为：意涵、成因及其防治策略》，载《教育研究与实验》2017 年第 1 期。

92. 金绪泽、刘慧仿：《校园欺凌中旁观者的角色差异及其应对策略》，载《河南师范大学学报（哲学社会科学版）》2018 年第 3 期。

93. 康树华：《未成年人犯罪最新司法解释是维护未成年人权益的重要举措》，载《江苏警官学院学报》2006 年第 3 期。

94. 雷霖、倪文军：《预防学生校园欺凌打造良好育人环境研究》，载《成才之路》2020 年第 3 期。

95. 李东林：《校园欺凌行为的学校责任法律研究》，载《法制与社会》2017 年第 36 期。

96. 李翔：《未成年人刑事犯罪司法解释之评析》，载《法学》2006 年第 5 期。

97. 林瑞青：《青少年学生言语欺凌行为研究》，载《天津师范大学学报年（基础教育版）》2007 年第 3 期。

98. 刘晓静、刘敏：《关系攻击：一种无形的校园暴力》，载《基础教育》2020 年第 1 期。

99. 刘於清、季轩民：《从冷漠走向关切：校园欺凌旁观者伦理复苏的路径》，载《中学政治教学参考》2019 年第 30 期。

100. 卢情恩：《以自我管理为核心的班级管理模式探索》，载《岳阳职业技术学院学报》2014 年第 3 期。

101. 莫凡浩：《抢劫罪与“强拿硬要”型寻衅滋事罪的界限与竞合——以未成年人强索财物为视野》，载《法制博览》2018 年第 34 期。

102. 穆鸿杰、药恩情：《校园欺凌中旁观者民事侵权责任研究》，载《西安石油大学学报（社会科学版）》2019 年第 4 期。

103. 祁泰：《公民个人身份信息保护刻不容缓》，载《青春期健康》2020 年第 13 期。

104. 任海涛：《“校园欺凌”的概念界定及其法律责任》，载《华东师范大学学报（教育科学版）》2017 年第 2 期。

105. 孙学华：《论见义勇为的法律性质——兼论专门立法的不必要性》，载《云南民族大学学报(哲学社会科学版)》2006 年第 3 期。

106. 孙元、丁彩红：《个案工作在预防中学生言语欺凌行为中的应用》，载《社会工作下半月（理论）》2009 年第 6 期。

107. 王丽萍：《简论学校欺负 / 受欺负对中小学生的影响》，载《青少年犯罪问题》2011 年第 6 期。

108. 田相夏、姚建龙：《未成年人“强索类”案件疑难问题与破解》，载《青少年犯罪问题》2011 年第 3 期。

109. 王君健、和彦杰：《儿童权利本位视角下“法律孤儿”的照顾保护研究》，载《青年研究》2019 年第 6 期。

110. 王祈然、陈曦、王帅：《我国校园欺凌事件主要特征与治理对策——基于媒体文本的实证研究》，载《教育学术月刊》2017 年第 3 期。

111. 吴维煊：《让校园言语欺凌远离青少年》，载《中国德育》2018 年第 10 期。

112. 武晶：《两少年走上歧途的警示》，载《当代学生》2011 年第 Z1 期。

113. 杨世宏、陈堂发：《网络公共性表达的诉讼制度优化》，载《中国网络传播研究》2017 年第 1 期。

114. 杨咏梅：《珍视多元的生命历程　培养科学的生命智慧》，载《金田》2013 年第 5 期。

115. 姚建龙：《恢复性少年司法在中国的实践与前景》，载《社会科学》2007 年第 8 期。

116. 尹群安、孟义国：《单亲家庭子女教育点滴谈》，载《学校党建与思想教育：下半月》2012 年第 17 期。

117. 余雅风、王祈然：《科学界定校园欺凌行为：对校园欺凌定义的再反思》，载《教育科学研究》2020 年第 2 期。

118. 俞伟跃、耿申：《何为学生欺凌？何为校园暴力？》，载《人民教育》2017 年第 8 期。

119. 俞伟跃、耿申：《大力防治学生欺凌和校园暴力为学生健康成长护航——学生欺凌的界定及其构成》，载《基础教育参考》2017 年第 7 期。

120. 张宝蕊：《换位思考，良好沟通的第一步》，载《心理辅导》2002 年第 2 期。

121. 张宝书：《中小学校园欺凌行为的四种类型及其相关因素》，载《教育学报》2020 年第 3 期。

122. 张卉林：《论见义勇为致无辜第三人损害之侵权责任的承担》，载《齐鲁学刊》2018 年第 1 期。

123. 张静：《校园欺凌旁观者行为类型分析》，载《科教文汇（上旬刊）》2020 年第 6 期。

124. 张知博：《修复式司法初探——以少年司法制度为中心》，载《法令月刊》2016 年第 4 期。

125. 赵立荣：《涉及网络募捐的现有法律规定》，载《方圆》2020 年第 2 期。

126. 王晓红：《遏制校园欺凌，向校园暴力说“不”》，载《江苏法制报》2017 年 6 月 2 日，第 00D 版。

127. 季张颖：《上海在全国率先发布〈预防中小学生网络欺凌指南 30 条〉》，载《上海法治报》2017 年 10 月 10 日，第 A01 版。

128. 隋福毅 :《近八成网友表示曾遇到校园欺凌事件》，载《公益时报》2019 年 11 月 5 日，第 2 版。

129. 侯月 :《那些门道就在隐秘的角落里》，载《济南日报》2020 年 7 月 10 日，第 B01 版。

130. 汤瑜 :《热播剧〈隐秘的角落〉隐藏的罪与罚》，载《民主与法制时报》2020 年 7 月 19 日，第 4 版。

131. 何仕艳 :《依法保护自己，远离校园欺凌》，2019 全国教育教学创新与发展高端论坛论文集 (卷一)，2019 年 11 月于天津。

132. 任美慧、吴哲 :《校园欺凌行为特点及对策研究》，2019 年南国博览学术研讨会论文集，2019 年 10 月于北京。

133. 贾碧涵 :《预防欺凌，我能为孩子做些什么？反校园欺凌家长手册》，载教育部网 2019 年 1 月 24 日，http ://www.moe.gov.cn/s78/A11/s8393/ztzl_14/qlfz_gzdt/201901/W020190124290369748360.pdf。

134.《江苏高院发布 2017 年度防治校园暴力及保护未成年人权益典型案例》，载常州市金坛区人民法院网 2017 年 5 月 31 日，http ://jtfy.jsczsy.gov.cn/news_view.asp?id=2050&type_parid=27。

135. 九层雾 :《面对校园欺凌，作为旁观者我们可以做什么》，载简书网 2019 年 11 月 10 日，https ://www.jianshu.com/p/239e5ab1364b。

136.《人格权是指什么？人格权具有什么特征》，载律图网 2020 年 12 月 24 日，http ://www.64365.com/zs/1043031.aspx。

137.《人身权具体包括了哪些内容》，载律图网 2020 年 9 月 1 日，http ://www.64365.com/zs/778080.aspx。